Manuel Formulaire

DES DEMANDES

en

RÉHABILITATION DES FAILLIS

(Loi du 3o Décembre 1903)

EXAMEN CRITIQUE ET PRATIQUE DE LA LÉGISLATION ET DE LA JURISPRUDENCE

Formalités à remplir et Formules des Pièces à produire par les Faillis pour se faire réhabiliter aux termes de la Loi nouvelle.

par

René MARANGE

Avocat-Conseil

DÉFENSEUR AU TRIBUNAL DE COMMERCE DE PARIS

Prix : 3 Francs

L'UTILITÉ COMMERCIALE
Fondée en 1866
Imprimeur-Éditeur
13, Rue des Halles, 13 — PARIS (1er Arrt)

1905

Tous Droits réservés

Manuel Formulaire

DES DEMANDES

en

RÉHABILITATION DES FAILLIS

Manuel Formulaire

DES DEMANDES

en

RÉHABILITATION DES FAILLIS

(Loi du 30 Décembre 1903)

EXAMEN CRITIQUE ET PRATIQUE DE LA LÉGISLATION ET DE LA JURISPRUDENCE

Formalités à remplir et Formules des Pièces à produire par les Faillis pour se faire réhabiliter aux termes de la Loi nouvelle.

par

René MARANGE

Avocat-Conseil

DÉFENSEUR AU TRIBUNAL DE COMMERCE DE PARIS

Prix : **3 Francs**

L'UTILITÉ COMMERCIALE

Fondée en 1866

Imprimeur-Éditeur

13, Rue des Halles, 13 — PARIS (1er Arr^t)

1905

5r, rue de Rennes (VIᵉ)
(Place St-Germain-des-Prés)

Paris, le 17 Février 1905.

Mon cher Maitre,

Je viens de lire avec le plus vif intérêt votre *Manuel sur la Réhabilitation des Faillis* d'après la loi du 30 décembre 1903.

Vous avez fait un exposé très simple, très complet et très clair de la nouvelle législation en matière de réhabilitation des faillis, et j'estime que vous avez rendu aussi un réel service à ces trop nombreux commerçants qui, victimes d'une concurrence de plus en plus effrénée, succombent momentanément tout en ne cessant pas d'être de très honnêtes gens, puis se relèvent peu à peu et sont dignes d'être guidés par un jurisconsulte bienveillant pour retrouver cette capacité civile, civique et morale, qu'ils n'auraient jamais dû perdre.

Après avoir indiqué quels obstacles a dû vaincre le législateur libéral qui a fait voter cette loi, si équitable et si humanitaire, vous faites très nettement comprendre les grandes distinctions qui différencient le nouveau d'avec l'ancien régime.

Plus de cette publicité partout où avait passé le failli, qui mettait presque toujours celui-ci dans l'impossibilité morale de demander sa réhabilitation, surtout lorsque celui-ci habitait en province. Après avoir conquis, par de longues années de travail et de probité, toute l'estime et toute la sympathie de ses concitoyens, le malheureux se trouvait dans la dure nécessité de révéler publiquement qu'il avait connu autrefois le déshonneur ! Cela décourageait les esprits les mieux trempés.

Plus de cette procédure longue et coûteuse devant la Cour.

C'est à ses pairs, c'est-à-dire aux juges consulaires, que le failli, qui aura payé les dividendes stipulés dans son concordat, devra s'adresser, après cinq années, à partir du jugement déclaratif de la faillite. Vous paraissez craindre l'esprit d'hostilité des tribunaux de commerce ; vos critiques, je l'espère, ne se trouveront confirmées qu'exceptionnellement. Qui pourrait faire davantage preuve d'indulgence que ceux-là même qui connaissent chaque jour davantage l'âpreté de la lutte commerciale ?

D'ailleurs, comme vous le dites fort justement, l'intervention du Procureur de la République ne pourra que tempérer le zèle trop rigoureux des tribunaux qui voudraient se montrer sévères à l'excès et ne pas obéir à l'impulsion généreuse du législateur.

Je ne dirai rien de vos formules. Elles sont concises et nettes. Elles doivent être comprises par tous, même par ceux qui n'ont aucune idée de ce que peuvent être le droit et la procédure.

Telles sont les impressions que m'a produit la lecture de votre ouvrage qui, par son esprit pratique et méthodique, rendra, j'en suis certain, les plus signalés services à ceux auxquels vous vous êtes adressé, c'est-à-dire aux commerçants dont tous les instants sont absorbés par la vie active des affaires et qui n'ont point le temps matériel de se livrer à de longues recherches ou à des démarches oiseuses et compliquées.

En vous autorisant à insérer la présente en tête de votre ouvrage, veuillez agréer, mon cher Maître, l'expression de mes meilleurs sentiments.

C. LIGNEUL,

Officier d'Académie
Avocat à la Cour d'Appel de Paris,
Suppléant du Juge de Paix du VIe arrond^t de Paris.

Me MARANGE, 13, rue des Halles.

INCAPACITÉS CIVILES ET COMMERCIALES

DES FAILLIS

que laisse substituer la nouvelle loi

OU DROITS DONT SONT ENCORE PRIVÉS LES FAILLIS

Ils ne peuvent plus porter les insignes de la Légion d'honneur, les médailles militaires ni les ordres étrangers ;

Ils ne peuvent exercer aucune fonction publique ;

Ils ne peuvent être nommés notaires, huissiers ou greffiers ;

Ils ne peuvent faire partie d'un Jury criminel ou d'expropriation ;

Ils ne peuvent être gérants de journaux ;

Ils ne peuvent se présenter à la Bourse ;

Ils ne peuvent être nommés agents de change ou courtiers, ni même être portés sur la liste des courtiers inscrits ;

Ils ne peuvent être admis à l'escompte de la Banque de France ;

Ils ne peuvent être éligibles à aucune fonction politique : Sénat, Députation, Conseil général, Conseil d'arrondissement, Conseil municipal ; ni aux fonctions de membre des Tribunaux de commerce, des Chambres de commerce, des Conseils de prud'hommes et des Chambres consultatives des arts et manufactures.

Les infractions à ces prohibitions sont sévèrement punies par nos lois pénales.

Toutefois la nouvelle loi a restitué le droit de vote à tous faillis dont la faillite remonte à dix ans.

On le voit par l'énumération des prohibitions ci-dessus, et **indépendamment des raisons morales,** les faillis **ont un intérêt capital à se faire réhabiliter,** ce que leur facilite la *Loi du 30 décembre 1903.*

C'est pour permettre d'obtenir ce résultat aux nombreuses victimes de la concurrence à outrance, la plaie de notre époque, que nous avons rédigé ce petit *Manuel.*

Nous l'avons surtout écrit pour les intéressés qui, le plus souvent, ignorent tout de la procédure ; c'est donc dire que ce petit *Manuel* n'est ni un ouvrage de doctrine, ni un ouvrage de jurisprudence. Il renferme uniquement, avec quelques aperçus généraux, sous une forme simple et à la portée de tous, les règles générales que tout failli doit connaître pour **remplir lui-même** les formalités nécessaires pour obtenir sa réhabilitation et les formules générales des pièces qu'il a à fournir, suivant son cas, pour reconquérir la **plénitude de tous ses droits de citoyen,** et ce, sans s'exposer à de trop grands frais.

Si, comme nous l'espérons, le ***Manuel formulaire des demandes en réhabilitation des faillis*** rend les services que nous en attendons, notre but sera atteint et nous nous trouverons suffisamment récompensé et dédommagé des attaques dont nous avons été l'objet, du jour où a été annoncé la publication de notre *Manuel,* de la part des hommes d'affaires, ennemis de toute vulgarisation qui leur supprime leurs plus gros bénéfices.

Aperçu Historique Sommaire

SUR LA NOUVELLE

RÉHABILITATION DES FAILLIS

Sa Discussion devant les Chambres

Observations d'Ordre général

La loi du 30 décembre 1903 sur la réhabilitation des faillis, qui a modifié les articles 604, 605, 606, 607, 608, 609, 610, 611 et 612 de notre Code de commerce, a été présentée au Sénat par M. Bérenger, l'auteur de la loi de sursis, et plusieurs de ses collègues, le 15 février 1900. Elle fut de suite renvoyée à une Commission qui avait pour président M. Jules Cazot.

Il résulte, de l'exposé des motifs, que c'est toujours la même idée qui dirige l'initiative de M. Bérenger ; cette idée, c'est celle du pardon. Malgré et contre tout, et sans vouloir prêter à M. Bérenger des conceptions économiques qui ne peuvent être les siennes, il se peut néanmoins qu'il ait eu, sans s'en douter, l'intuition des graves dangers que fait courir à l'ordre social actuel, d'une part la centralisation capitaliste et, d'autre part,

la résistance barbare de la majorité de nos parlemen-
taires aux quelques tentatives de réformes ayant pour
but d'adoucir, dans une certaine mesure, le sort des
innombrables victimes de cette évolution ; mais il est
très probable, et cela est d'ordre historique, que rien
ne pourra dessiller les yeux des privilégiés actuels ou
de leurs mandataires dans notre Parlement avant le jour
où la marée toujours grossissante des parias emportera,
dans une immense tourmente, les falaises économiques,
absolument désagrégées à leur base, qui sont les derniers remparts de l'ordre social actuel.

Quoi qu'il en soit, M. Bérenger, n'étant pas suivi par
une grande partie de ses collègues du Sénat, ce n'est
qu'après des efforts, malgré tout très louables, qu'après
avoir été voté en première lecture à la séance du Sénat
du 3 juillet 1901, il fût possible à l'auteur de la loi de
faire voter celle-ci en seconde lecture par le Sénat aux
séances des 15, 22, 26 et 30 novembre suivant, et cela
après deux renvois à la Commission et les oppositions
les plus violentes ; mais, hélas ! ce n'est pas telle qu'elle
avait été présentée, que cette loi a été votée en définitive
par le Sénat, mais telle qu'elle est aujourd'hui, c'est-à-
dire mutilée, tant par la Commission devant laquelle
elle avait été renvoyée que par le Sénat lui-même dans
ses séances des 15, 22, 26 et 30 novembre. Séances dans
lesquelles la Haute Assemblée s'est montrée, au sujet de
la discussion de cette loi de pardon, on ne peut plus
féroce ; le mot fut prononcé par un sénateur, à la séance du
26 novembre, à l'adresse de mon compatriote, M. Chaumié,
Ministre de l'Instruction publique, actuellement Garde
des Sceaux, Ministre de la Justice, qui combattait la loi
à la tribune du Sénat, auquel il demandait de la repousser.
Celui-ci n'osa point aller jusque là, mais, comme toujours,

d'ailleurs, il se montra, dans la discussion de cette loi, plus réactionnairement conservateur que les parlements des pays de gouvernement monarchique, comme nous le verrons plus loin en jetant un coup d'œil sur la législation des faillites dans les pays étrangers.

Cette loi fut ensuite transmise à la Chambre des députés le 4 décembre 1901. La législation ayant pris fin, une nouvelle transmission eut lieu le 11 juin 1902.

La Chambre des députés renvoya cette proposition à l'examen de la commission des réformes judiciaires et de législation civile et criminelle, composée de 33 membres, dont M. Cruppi, ancien avocat à la Cour de Cassation, est le président.

C'est au nom de cette commission que M. Octave Lauraine, auteur lui-même d'une proposition sur le même objet, déposa sur le bureau de la Chambre dans sa séance du 25 juin 1903, un rapport concluant à l'adoption sans changement du texte voté par le Sénat.

Il résulte de ce rapport que, dans la pensée de la commission, ce texte était insuffisant et ne pouvait être considéré que comme « une première étape vers une réforme complète ». Mais pour aboutir promptement et donner à l'opinion publique et aux faillis eux-mêmes, une satisfaction depuis longtemps attendue, elle avait jugé préférable d'abréger les lenteurs de la procédure parlementaire — *la Commission était saisie depuis un an du texte voté par le Sénat* — en se contentant pour le moment de ce dont elle pouvait disposer.

M. Lauraine a pu paraître, dans son rapport, relativement sévère, aux partisans de l'ordre social établi, pour la législation ancienne ; qu'il considère comme décourageante et même immorale, en ce sens qu'elle favorisait les privilégiés de la fortune au détriment des pauvres, éternels parias.

Il s'expliquait, en outre, ainsi dans un passage de son rapport.

« Il serait au surplus puéril de ne pas remarquer
« avec quelles difficultés on a pu obtenir du Sénat le
« vote de certains articles.

« La lecture des débats montre que notre thèse trouve
« dans la Chambre haute des adversaires énergiques.

« On nous saura gré de donner tout de suite ce dont
« nous disposons réellement, sans faire pour cela obs-
« tacle à la réalisation de ce qui ne dépend pas seulement
« de notre bonne volonté. »

En prononçant ces paroles, M. Lauraine ne s'est sans doute pas douté qu'il traçait ou dictait là, l'un des motifs les plus importants de l'arrêt de mort de l'ordre social établi, si ceux qu'il appelle si justement des parias, avaient le temps, le jour de la culbute finale, de rendre des arrêts, ce qui est peu probable.

Malgré tout, la loi nouvelle, telle qu'elle est, présente de sérieux progrès sur le texte de 1838, et elle pourrait donner d'assez bons résultats si les juges consulaires l'appliquaient avec bienveillance. Il leur suffirait, pour cela, de s'inspirer de l'idée qui inspirait l'auteur de la loi lorsqu'il déposa son projet au Sénat, idée qu'il a si bien mise en lumière, tant dans son exposé de motifs que dans le rapport qu'il a déposé sur le bureau du Sénat, au nom de la Commission qui avait examiné et modifié son projet, que dans les discours prononcés par lui devant la Chambre haute lors de la discussion. Mais il est à craindre que certains tribunaux de commerce apportent du mauvais vouloir dans l'application de cette loi ; car il est à remarquer qu'un grand nombre de ces tribunaux, notamment ceux des grands centres, sont presque toujours composés de gros industriels, gros fournisseurs, gros financiers, qui sont ceux qui ont le plus souvent à subir des pertes dans les déconfitures des petits, qui sont toujours leurs clients ; et ce sont ces seigneurs de la haute industrie, du haut négoce et de la haute finance que, même les plus partisans du projet de M. Bérenger et M. Bérenger lui-même, appellent les pairs des parias.

C'est là plus qu'une illusion, c'est une erreur grossière. Ces juges, presque toujours élus au deuxième tour de scrutin, avec un nombre infime de voix, ne peuvent plus, or le cas d'intégrité fort rare, être des juges impartiaux, dans l'application d'une loi qu'ils considèreront, le plus souvent, comme portant atteinte aux principes de leurs intérêts. Hélas ! nous avons trop souvent vu la balance de la Justice faussée au profit des intérêts jalousement surveillés et défendus par les Syndicats de la haute industrie, du haut négoce et de la haute finance qui font élire les juges consulaires.

Il faudra donc que les intéressés veillent sur leurs requêtes en réhabilitation et que, si certains tribunaux se montrent par trop réfractaires à l'application, dans un sens libéral, de la nouvelle loi, ils crient et pestent si fort que la peur du scandale leur fasse rendre justice, et nous serons avec eux.

COUP D'ŒIL D'ENSEMBLE

sur la

LÉGISLATION DES FAILLITES

A L'ÉTRANGER

Les autres États ont, pour la plupart, atténués les rigueurs de leur législation des faillites, ainsi que cela résulte d'un résumé dressé d'après les documents fournis par la Société de législation, comparé et annexé au rapport de M. Bérenger.

Ces lois y sont divisées en trois groupes :

Le premier comprend les lois Germaniques.
Le second comprend les lois Britanniques.
Le troisième comprend les lois Latines.

PREMIER GROUPE

Allemagne. — D'après la loi fédérale de 1877, la clôture de la faillite a pour effet direct et immédiat de relever le failli de toutes les déchéances qu'il avait encourues, à l'exception des incapacités électorales qui restent régies par la loi de chaque État. — En PRUSSE. « Loi du 6 mars 1879. » Les droits non pécuniaires sont rendus aux faillis à l'issue de la procédure. — En ALSACE-LORRAINE. « Loi du 8 juillet 1879. » Le tribunal en Chambre du conseil, le ministère public entendu, peut accorder la réhabilitation aux faillis, déclarés excusables ou qui justifient de cinq années de conduite sans reproche, ou du paiement intégral de leur passif.

Autriche. — La réhabilitation est prononcée par le tribunal qui a prononcé la faillite, après informations et affiches et sur la justification du paiement intégral du passif ou de la remise, librement consentie, par les créanciers.

Suisse. — D'après la loi fédérale de 1899 la réhabilitation est prononcée lorsque la faillite a été révoquée ou lorsque tous les créanciers ont été désintéressés ou lorsqu'ils ont consenti à la réhabilitation.

Pays-Bas. — La réhabilitation peut être prononcée, soit par le jugement qui homologue le concordat, soit par un jugement ultérieur du tribunal qui a prononcé la faillite, après affiches et insertions, et lorsque le failli fait la preuve que « tous ses créanciers ont reçu satisfaction au gré de chacun ».

SECOND GROUPE

Le principe qui domine la législation anglo-saxonne, en cette matière, c'est que la faillite ne présente aucun caractère flétrissant.

Grande-Bretagne. — Les actes de 1869 et de 1883 ont établi toutefois certaines disqualifications à la faillite (*Boukrupty*) ; ces déchéances cessent lorsque la faillite est annulée par suite du paiement du passif ou après un *order of discharge* décerné par la cour qui constate la bonne foi du failli.

Etats-Unis d'Amérique. — C'est le point de vue britannique encore poussé plus loin. La faillite, on le sait, du reste, ne comporte, par delà l'Atlantique, aucune flétrissure ni aucune gêne,

TROISIÈME GROUPE

Belgique. — Les conditions et les formes de la réhabilitation sont celles de notre code de commerce avant la loi nouvelle.

Italie. — D'après le code de commerce de 1882, le le tribunal, en homologuant le concordat, peut réhabiliter immédiatement le failli ou lui imposer certaines obligations, dont l'accomplissement lui permettra d'obtenir sa réhabilitation par un second jugement ; de plus, il peut obtenir sa radiation de la liste des faillis en justifiant de l'acquittement intégral de son passif.

Espagne. — Le code de 1880 permet aux faillis concordataires de se faire réhabiliter lorsqu'ils ont payé leurs dividendes stipulés ; pour les autres, le paiement intégral est nécessaire.

Portugal. — D'après le code de 1888, la réhabilitation peut être accordée dans divers cas : concession d'atermoiement, concordat homologué, classement de la faillite comme accidentelle, paiement, soit intégral, soit partiel, mais alors combiné avec le délai d'épreuves de dix ou de vingt ans.

République Argentine. — La réhabilitation est prononcée par le tribunal qui a prononcé la faillite, soit lorsqu'il homologue le concordat, soit lorsque le passif a été intégralement acquitté.

Les cas d'exclusion sont ceux de notre ancien texte.

Chili. — C'est également le tribunal de commerce qui est compétent ; la réhabilitation résulte, de droit, d'une sentence déclarant la faillite fortuite.

Les exclusions sont celles de notre code, mais peuvent cesser quand la peine a été subie et le passif intégralement acquitté.

Mexique. — Les faillis sont divisés en trois classes, selon que la faillite est : fortuite, coupable ou frauduleuse. Dans le premier cas, ils peuvent être réhabilités sur leur simple promesse de s'acquitter ; dans le second cas, ils doivent offrir des garanties acceptées par les créanciers ou avoir obtenu leur concordat ; dans le troisième cas, il faut, de plus, que la peine ait été subie, ou qu'elle soit prescrite, ou encore qu'elle ait été remise par la grâce.

Faillis qui pouvaient se faire réhabiliter avant la loi du 30 décembre 1903.

Seuls les faillis qui avaient intégralement payé tout leur passif, principal, intérêts et frais, pouvaient, d'après notre ancien texte, se faire réhabiliter, et l'associé d'une maison de commerce tombée en faillite, pour obtenir sa réhabilitation, devait justifier que tout le passif, principal, intérêts et frais, de cette maison de commerce, même lorsqu'il avait personnellement bénéficié d'un concordaspécial, avait été payé.

Nous n'exagérons point en qualifiant d'abusives et même draconiennes les exigences de l'ancien texte, lesquelles devaient se trouver intégralement remplies, pour que les faillis puissent obtenir leur réhabilitation.

En outre, la réhabilitation étant confiée aux soins des cours d'appel, la procédure était très longue et très coûteuse et les conditions de publicité exigées empêchaient même assez souvent les faillis, qui avaient payé tout leur passif dans les conditions exigées par la loi, de demander leur réhabilitation afin de ne pas réveiller un passé souvent oublié et même assez souvent ignoré des habitants de la région où les faillis s'étaient fixés après leur faillite, et où, par les formalités exigées pour leur réhabilitation, ils risquaient de perdre la considération qu'ils avaient pu conquérir dans les milieux où ils étaient parvenus à se relever, et souvent au prix des plus grands efforts.

Caractère et conséquences de la faillite ou de la liquidation judiciaire avant la loi du 30 décembre 1903.

Des avantages de la Liquidation judiciaire

La réhabilitation commerciale, telle qu'elle existait avant la loi du 30 décembre 1903, avait été ainsi définie :

« La réintégration du failli, après remboursement de tout son passif, dans tous les droits civiques et politiques dont il avait été privé par le jugement déclaratif de la faillite. (1) » C'est une sorte de réhabilitation *in integrum* « de la restitution d'Etat », disait la Cour de cassation de 1846, — solennellement prononcée par la justice, mais subordonnée essentiellement à l'acquittement intégral, en capital, intérêts et frais, de toutes les dettes de la faillite. Les créanciers ayant reçu complète satisfaction, la flétrissure était effacée et le failli rétabli dans ses droits de citoyen et dans son honneur de commerçant.

Cette institution, suivant l'expression de M. Quénault, rapporteur de la loi de 1838 à la Chambre des députés, « agissait par le mobile de l'honneur » ; les avantages qu'elle offrait au failli étaient « d'une nature toute morale » et tiraient leur valeur de l'opinion publique qui tenait compte au réhabilité de ses efforts et de ses sacrifices. Les créanciers y avaient tout à gagner puisque

______

(1) *Répertoire général alphabétique du Droit français,* de M. Fuzier-Hermam. Voir faillites n° 4308.

leur débiteur était encouragé par un intérêt primordial à les désintéresser jusqu'au dernier centime, s'il revenait à meilleure fortune.

L'ordre social, le crédit commercial et la morale publique, enfin, ne pouvaient que bénéficier d'une répation aussi bien méritée et d'un aussi salutaire exemple.

Le rapporteur de la loi de 1838 ainsi que les législateurs qui votèrent cette loi, ne s'étaient sans doute pas rendu compte qu'en exigeant du failli le paiement intégral des intérêts, ils l'obligeaient, lorsque sa faillite remontait à un certain nombre d'années, à payer des sommes tellement importantes que c'était mettre presque tous les faillis dans l'impossibilité de se faire réhabiliter. Malgré le bel exposé de M. le rapporteur Quénault, la loi de 1838 avait manqué son but; et il en a été presque de même de la loi du 4 mars 1889 sur les liquidations judiciaires, puisqu'il résulte des statistiques que le nombre des réhabilitations atteignait à peine, sous le régime créé par ces lois, *cinq pour mille* des déclarations de faillites ou des liquidations judiciaires.

Il est vrai que la loi du 4 mars 1889, maintenait le droit de vote au liquidé judiciaire et que la loi du 5 août 1899 sur les casiers judiciaires, tout en maintenant l'inscription de la faillite au casier, a dispensé le failli concordataire et celui qui a obtenu l'excusabilité, de l'inscription de sa faillite au bulletin nº 3 du casier judiciaire, c'est-à-dire sur le bulletin délivré sur sa demande au failli lui-même, ce qui lui permet d'avoir un casier judiciaire blanc à présenter lorsque la production de cette pièce lui devient nécessaire.

Ce sont là, certainement, des améliorations qui ne sont pas à dédaigner, d'autant plus que l'ancienne réhabilitation des faillis avait de nombreux points de ressemblance avec la réhabilitation des condamnés, telle que l'a organisée la loi du 14 août 1885. Les auteurs l'en différenciaient cependant sur trois points : d'abord, la réhabilitation pénale était une faveur que la cour pouvait toujours refuser, pendant que la réhabilitation commerciale, d'après l'opinion la plus généralement admise, était un droit pour le failli qui justifiait de l'acquittement intégral de son passif ; en second lieu, la seconde pouvait être demandée après le décès du failli, alors que la première ne peut être obtenue que par le condamné personnellement. Enfin, la réhabilitation pénale efface la condamnation comme le fait l'amnistie, et la réhabilitation commerciale fait seulement cesser les incapacités résultant de la faillite ou de la liquidation (1).

Principales Innovations
de la Loi du 30 décembre 1903.

Avantages et Inconvénients. — Deux catégories de faillis.

Une importante innovation de la loi du 30 décembre 1903 est certainement la restitution sans formalités du droit de vote à tous les faillis dix ans après la date de

---

(1) LYON-CAEN et RENAULT. *Traité du droit commercial* T. VIII, p. 258.

la faillite. La principale et la plus heureuse innovation de cette loi sera certainement, sans contredit, la restitution aux tribunaux de commerce qui ont prononcé la faillite ou la liquidation judiciaire, du soin de prononcer la réhabilitation ; mais cela seulement si les tribunaux de commerce savent se montrer libéraux et bienveillants dans l'application de la nouvelle loi. Les cours d'appel n'étant plus, dans les instances en réhabilitations commerciales, une juridiction d'exception comme sous l'ancienne loi, pourront ainsi exercer un contrôle sérieux sur les décisions rendues par les tribunaux de commerce et, par leurs arrêts, établir des règles générales et une jurisprudence pour la réhabilitation commerciale, surtout dans les cas de réhabilitation facultative, laquelle est laissée à l'appréciation des juges.

Est d'une très grande importance l'innovation, qui consiste à faire intervenir le ministère public dans la juridiction consulaire.

Le procureur de la République doit, d'après la nouvelle loi, recevoir les demandes ou requêtes en réhabilitations commerciales. Il doit procéder à une enquête et, après avoir pris connaissance du dossier complet, formuler son avis motivé sur l'admission ou le rejet de la demande.

Cette intervention du procureur de la République sera peut-être une chose heureuse pour les demandeurs en réhabilitation commerciale, qui auraient à redouter les influences défavorables qui pourraient s'exercer, dans certaines localités, sur les juges consulaires appelés à connaître leur demande en réhabilitation.

Est également extrêmement appréciable l'innovation qui remplace, dans un très grand nombre de cas, des actes de procédure d'huissiers, toujours coûteux, par de simples lettres recommandées.

Sont aussi d'un ordre capital, la réduction des intérêts exigibles à cinq années maximum, et la faculté donnée au demandeur en réhabilitation commerciale, au cas de refus d'un ou de plusieurs de ses créanciers, de recevoir leur dû ou, dans le cas de disparition d'un ou de plusieurs créanciers et de leurs représentants, la faculté de pouvoir déposer le montant de leur créance à la Caisse des Dépôts et Consignations, les récépissés délivrés par cette dernière tenant lieu de quittance.

Moins heureuse, à notre avis, est l'innovation qui permet aux créanciers auxquels l'ancien texte n'accordait que le droit d'opposition, de pouvoir, aux termes de la nouvelle loi, devenir intervenants dans l'instance en réhabilitation et de pouvoir faire appel et se pourvoir en cassation contre les décisions des cours et des tribunaux, relatives aux réhabilitations commerciales, ce qui permettra à certains créanciers fortunés et rancuneux de conduire jusque devant la Cour de cassation certains demandeurs en réhabilitation, qui pourront quelquefois avoir épuisé jusqu'à leurs dernières ressources, pour se mettre dans le cas pouvant leur permettre d'obtenir leur réhabilitation.

Enfin, la loi nouvelle a créé, au point de vue de la réhabilitation, deux catégories de faillis.

Ceux dont la réhabilitation est de droit et sans condition de délai.

Et ceux dont la réhabilitation est facultative et laissée à l'appréciation des tribunaux et des cours d'appel qui peuvent réhabiliter les faillis cinq ans après la déclaration de la faillite.

Se trouvent dans la première catégorie, les faillis ou liquidés judiciaires qui ont intégralement payé leur passif principal, intérêts, « *ceux-ci réduits à un maximum de cinq années* » et les frais.

Font encore partie de cette première catégorie les membres des maisons de commerce tombées en faillite qui justifient avoir acquitté le passif intégral de la maison dans les conditions indiquées au paragraphe précédent.

Se trouvent dans la seconde catégorie. les faillis concordataires qui ont payé le dividende promis, les faillis qui ont obtenu la remise de leurs dettes de leurs créanciers et ceux qui justifient du consentement unanime de tous leurs créanciers à leur réhabilitation,

Font également partie de cette seconde catégorie : les associés de maisons de commerce tombées en faillite qui ont obtenu des créanciers un concordat personnel et spécial, et qui justifient, s'être acquittés dans les conditions fixées par ce concordat.

Les liquidés judiciaires bénéficient de la nouvelle loi, ce qui leur permet, tant dans le cas de réhabilitation de droit que dans celui de réhabilitation facultative, de reconquérir les droits que leur avait fait perdre la liquidation, c'est-à-dire les droits d'être nommés à une fonction élective.

Quoi qu'il en soit, et malgré l'arbitraire auquel la nouvelle loi sur la réhabilitation des faillis puisse donner lieu, l'on peut dire aujourd'hui que tout failli honnête, au sens bourgeois du mot, peut prétendre à sa réhabilitation commerciale, bien qu'il n'ait pas payé son passif, principal, intérêts et frais, ou qu'il n'en ait payé qu'une partie.

De la Restitution du Droit de Vote aux Faillis

Du moment où ils peuvent se faire inscrire à nouveau sur les Listes électorales.

De la Procédure à suivre.

C'est de la date du jugement déclaratif de la faillite, c'est-à-dire du jour ou ce jugement a été rendu, que part le délai de dix ans après lequel les faillis peuvent reprendre leur droit de vote.

Et cela, que le jugement déclaratif de faillite ait été rendu contradictoirement ou par défaut, qu'il ait été frappé d'appel ou d'opposition, que l'arrêt ou le jugement confirmatif ait été rendu plus ou moins rapidement.

Il s'en suit que les faillis ont le droit de requérir leur inscription sur la première liste électorale de la commune où ils habitent, depuis six mois au moins, qui ne se trouvera point clôturée le jour de l'expiration des dix années à dater du jour du prononcé du jugement qui les a mis en faillite. Si, à ce moment, il n'y a pas de révision des listes électorales ouvertes, c'est sur la première revision qui s'ouvrira, après l'expiration dudit délai, que les faillis auront le droit de se faire inscrire et de prendre part, à dater de ce moment, à tous les scrutins auxquels il sera procédé sur la liste électorale où ils auront été inscrits.

Au cas de refus d'inscription de la part de la commission communale de revision des listes électorales, la procédure à suivre, pour obtenir cette inscription, sera la procédure ordinaire qui consiste à porter cette récla-

mation devant le juge de paix du canton qui, en vertu
de la nouvelle loi, ordonnera l'inscription d'office.

Règles générales des Demandes (c'est-à-dire des Requêtes) en Réhabilitation commerciale.

Des Conditions dans lesquelles elles doivent être établies

Les demandes en réhabilitation doivent être claires
mais aussi simples que possible. Elles doivent indiquer
les nom, prénoms, lieu et date de naissance du demandeur en réhabilitation, le tribunal qui a prononcé la
faillite, la date de ce jugement, les différentes décisions ou
opérations qui ont suivies ou ont été faites en vertu
du dit jugement. Elles doivent également indiquer les
motifs qui ont été la cause de la déconfiture, ainsi que
la conduite qui a été celle du demandeur en réhabilitation
depuis le jour du jugement déclaratif; mais il faut toujours éviter sur ces deux points une trop grande prolixité
et les détails inutiles ou d'ordre secondaire; les demandes en réhabilitation doivent aussi indiquer quels
ont été les moyens d'existence du demandeur, les différents lieux dans lesquels il a résidé, ainsi que les noms
et adresses des différents patrons, chefs d'exploitation ou
d'industrie chez lesquels il a pu être occupé, et cela
depuis le jour du jugement déclaratif. Il est bon de
signaler que certains parquets exigent, notamment celui

de Paris, que les demandeurs en réhabilitation fournissent autant de copies de l'original de la demande qu'il a résidé dans d'arrondissements différents, depuis le jour du jugement déclaratif au jour de la demande.

Ces exigences, n'étant inscrites nulle part dans la loi, sont certainement abusives de la part des parquets. Néanmoins, à notre avis, il vaut mieux se conformer à ces exigences dans l'intérêt de la marche rapide de l'instruction de la demande. En effet, ces copies ne sont généralement exigées que par les parquets les plus surchargés, dont la copie de la demande en réhabilitation, en autant d'exemplaires que le demandeur a habité d'arrondissements différents, exemplaires nécessaires pour l'enquête, demanderait un travail si considérable que les demandes risqueraient d'en souffrir par suite du retard apporté dans l'envoi, à fin d'enquête, d'une copie de la demande à chacun des Procureurs de la République des différents arrondissements dans lesquels a résidé le demandeur.

Bien que cela ne soit également nulle part inscrit dans la loi, il est bon, à notre avis, que la signature de l'original sur timbre de la demande en réhabilitation soit légalisée. Formalité qui était exigée pour les demandes en réhabilitation commerciale devant les cours d'appel sous l'ancienne loi, et cela bien que, dans ces cas, le demandeur fut toujours assisté d'un avoué qui garantissait la matérialité de la demande.

Les demandes en réhabilitation peuvent également être transmises et signées, pour le demandeur, par un mandataire porteur d'un pouvoir spécial à cet effet et, dans ce cas, c'est la signature du pouvoir qui devra être légalisée.

Il serait également désirable que les signatures des quittances délivrées par les créanciers, pour être produites dans les demandes en réhabilitation, soient également légalisées, mesure qui était exigée par certains parquets et certaines Cours d'appel dans les demandes en réhabilitation formées en vertu du texte de 1838.

Il s'en suit qu'il y aurait le même intérêt à ce que les signatures des créanciers, apposées sur les actes de remises de créances ou de consentement à la réhabilitation, soient également légalisées.

Cette légalisation donnerait à ces pièces un caractère de sérieux indiscutable et faciliterait l'enquête des parquets, les auxiliaires desdits parquets, appelés par ceux-ci à vérifier la sincérité de ces pièces, se trouvant, dans le plus grand nombre de cas, être ceux qui ont procédé à la légalisation. Mais lorsque cette mesure présentera de trop grandes difficultés et qu'on aura décidé de s'en abstenir, il sera bon de faire apposer, à côté des signatures des créanciers, le timbre de leur maison de commerce. — Enfin, les demandes en réhabilitation, les quittances portant remise d'une partie de la créance, les remises de créances et les consentements à la réhabilitation, devront être établis sur feuille de papier timbré à 0 fr. 60, 1 fr. 20, 1 fr. 80, suivant la longueur du texte.

Pour ce qui est des demandes en réhabilitation, il est bien entendu que, seul, l'original doit être sur timbre, les copies, s'il en est fourni aux fins d'enquête, pouvant être établies sur papier libre.

A qui les demandes (c'est-à-dire les requêtes) **en réhabilitation commerciale doivent être adressées.**

De leur mode de transmission aux procureurs de la République avec les pièces jointes.

———

Les demandes en réhabilitation doivent être adressées au procureur de la République de l'arrondissement où siège le tribunal de commerce, qui a prononcé la faillite ou la liquidation judiciaire. Cet envoi, fait sous pli non affranchi, si ce pli est mis dans un bureau de poste ou à une boîte postale de l'arrondissement du procureur de la République, auquel ce pli est adressé, ou affranchi à raison de o fr. 15 cent. par 15 grammes ou par fraction de 15 grammes, si le pli est mis à la poste ou à une boîte postale, se trouvant en dehors de l'arrondissement du procureur de la République auquel ce pli est adressé. Il en sera de même pour toutes les pièces adressées à ce magistrat, avec cette différence, que ces pièces qui formeront, le plus souvent, un pli assez volumineux, pourront être adressées au procureur de la République, comme papiers d'affaires, et cela sans être affranchis ou affranchis à raison de o fr. o5 cent. par 5o grammes où par fraction de 5o grammes suivant les lieux ou elles seront mises à la poste, comme nous l'avons indiqué pour la demande en réhabilitation elle-même.

Il sera même prudent, à notre avis, ces pièces ayant toujours une grande importance, et ayant le plus souvent coûté assez cher, de les recommander, ce qui ne coûtera que o fr. 10 centimes, si le pli qui renfermera ces pièces voyage en franchise, et n'augmentera les frais d'envoi que de cette même somme (de dix centimes) si le dit pli doit voyager affranchi.

Faillis pour qui la Réhabilitation est de droit.

Pièces à produire.

La réhabilitation est de droit sans qu'il y ait à tenir compte d'aucun délai, depuis le jour du jugement, ayant prononcé, la faillite ou la mise en liquidation judiciaire, pour tout failli, ou liquidé, qui justifie avoir intégralement payé le montant de toutes ses créances, telles qu'elles avaient été affirmées, vérifiées, et admises ou admises par jugement postérieur, plus les intérêts à 5 o/o de ses créances depuis le jour de leur affirmation ou du jour de leur admission, lorsquelles ont été admises par jugement. Pour les créances qui n'auraient pas été échues au moment de leur production, ou de leur admission, les intérêts ne partiront que du jour où elles sont venues à échéance. Toutefois, les intérêts ne pourront être exigés au-delà de cinq années, quel que soit le temps écoulé, au-delà de cinq années depuis le jour où ces intérêts ont commencé à courir.

La réhabilitation est également de droit et cela sans condition de délai pour l'associé d'une maison de com-

merce tombée en faillite qui justifie du payement intégral du passif de cette maison en principal, intérêts et
frais dans les conditions déjà indiquées,

Pour cette réhabilitation, c'est-à-dire, la réhabilitation
de droit, les tribunaux sont dans l'obligation de la prononcer, et ne peuvent, en conséquence, la refuser, dès
qu'ils ont constaté la sincérité des quittances produites,
même pour les banqueroutiers simples qui établissent
en même temps avoir purgé leur peine.

Les pièces à produire sont :

L'expédition du jugement déclaratif de la faillite ou
de mise en liquidation judiciaire, du bilan, du procès-
verbal d'affirmation et vérification des créances, du procès-verbal constatant le vote du concordat, du jugement
homologuant le dit concordat, ou constituant l'union du
procès-verbal de reddition de comptes du syndic, et s'il
y en a eu, expédition, des jugements qui auraient pu admet-
tre certaines créances après l'affirmation et la vérification, ainsi que l'acte ou expédition de l'acte de Société,
s'il s'agit de l'associé d'une maison de commerce tombée
en faillite ou en liquidation judiciaire.

Si le demandeur en réhabilitation a en main, la copie
des pièces ci-dessus énumérées, celles-ci seront suffi-
santes. S'il ne les possède pas, il s'en fera délivrer des
expéditions, par le greffier du tribunal de commerce,
qui a prononcé la faillite, ou la mise en liquidation judiciaire.

Devront également être joints, soit le certificat du
syndic constatant que tous les créanciers ont été désintéressés dans les termes de la loi, si l'on a eu recours à
son intermédiaire, soit la quittance collective de tous
les créanciers, si l'on n'a pas eu recours au syndic, et

si les dits créanciers ont signé une quittance collective, soit au contraire la quittance individuelle de chaque créancier, si l'on a fait établir une quittance individuelle pour chacun d'eux, ainsi que s'il a été fait des dépôts à la Caisse des consignations, les récépissés de ces dépôts et les procès-verbaux d'offres réelles, ou de sommations qui ont précédé ces dépôts.

La loi n'ayant pas fixé de règles pour la forme des quittances, il s'en suit que celles-ci peuvent être collectives pour tous les créanciers, ou établies séparément pour chaque créancier, ou encore ces quittances peuvent être collectives à plusieurs créanciers.

Il n'est pas nécessaire que ces quittances soient sur papier timbré, il suffit quelles soient revêtues du timbre de quittance de o fr. 10 centimes auxquelles sont assujetties toutes les quittances d'une somme au moins égale ou supérieure à 10 francs. Pour les quittances collectives, comme pour les quittances individuelles, un seul timbre de 10 centimes suffit, à condition que celui-ci soit oblitéré par l'un des créanciers signataires de la quittance.

A ce sujet, nous croyons qu'il n'est pas inutile d'indiquer que la mention annulé apposée assez souvent sur un timbre de quittance, ne constitue pas une oblitération régulière. Cette oblitération se fait par l'apposition de la date du jour où celle-ci se produit, et la signature de l'oblitérateur et non son simple paraphe de façon que cette date et cette signature chevauchent du timbre sur le papier ou *vice-versa*.

La réhabilitation de droit peut être obtenue après la mort du failli ou du liquidé judiciaire par ses représentants.

Des Règles générales pour le calcul des Intérêts.

Le jugement déclaratif de faillite arrête, au jour où il est prononcé, le cours des intérêts de toutes les créances dues par le failli, et à ce moment productives d'intérêt, à l'exception des créances hypothécaires ou des créances garanties par nantissement, si les créanciers bénéficiaires de ces créances, ne produisent pas à la faillite et conservent leurs privilège. Si, au contraire, ces créanciers produisent pour leurs créances à la faillite ou à la liquidation, ces créances perdent, par cela, leur caractère privilégié et le jugement déclaratif de la faillite produit sur ces créances les mêmes effets que sur les créances ordinaires. Il résulte donc, des effets du jugement déclaratif de la faillite, que le chiffre des créances de chaque créancier producteur à la faillite, s'établit par l'addition du principal, des intérêts dus au jour dudit jugement déclaratif, et des frais faits pour le recouvrement ou la conservation des créances.

C'est donc, sur les créances ainsi établies, que devra être calculé l'intérêt maximum de cinq années à dater du jour de la production de ces créances à la faillite ou du jour de leur admission si elles ont été admises par un jugement postérieur, et cela si les délais écoulés depuis le jour de la production ou de l'admission à la faillite, ont atteint ou dépassé, au moment du paiement, cinq années, car si le temps écoulé depuis le jour de la production ou de l'admission au jour du paiement n'atteignait pas cinq années, les intérêts ne seraient dus que pour le temps réellement écoulé. Pour les créances qui ne seraient pas échus au moment de la production ou de l'admission, l'on appliquera les mêmes principes pour le calcul des intérêts, avec cette différence que le jour de départ pour le calcul des intérêts de ces créances ne sera pas le jour de leur production ou de leur admission, mais le jour où ces créances sont venues à échéance. Jusqu'au jour de la déclaration de faillite, si les créances sont productives d'un intérêt conventionnel, c'est cet intérêt conventionnel qui s'additionnera avec le principal et les frais pour former le montant de la créance. Mais après la déclaration de faillite, c'est l'intérêt légal de cinq pour cent qui doit servir de base au calcul que cet intérêt parte du jour de la production, de l'admission ou du jour où la créance est venue à échéance.

Faillis qui peuvent obtenir la Réhabilitation facultative sous certaines conditions

Pièces à produire

Peuvent bénéficier de la réhabilitation facultative, c'est-à-dire être réhabilité par un jugement du tribunal de commerce qui a prononcé leur faillite ou leur liquidation judiciaire, et ce, lorsqu'il se sera écoulé au moins cinq années depuis le jugement qui a prononcé la faillite ou la liquidation judiciaire :

1º Les faillis qui, ayant obtenu leur concordat, justifieront, au moment de leur demande en réhabilitation commerciale, avoir intégralement payé le dividende promis.

2° Les liquidés judiciaires qui feront, au moment de leur demande en réhabilitation, les mêmes justifications.

3° Les associés d'une maison de commerce tombée en faillite qui, ayant obtenu des créanciers un concordat particulier, feront la preuve, au moment de leur demande en réhabilitation, qu'ils se sont libérés dans les termes dudit concordat.

4° Pourront être également réhabilités les faillis qui justifieront, au moment de leur demande en réhabilitation, de la remise entière de leurs dettes par leurs créanciers, ou du consentement unanime par ces derniers à leur réhabilitation.

Les faillis qui seront réhabilités sur le simple consentement unanime de leurs créanciers, ne seront point, par cela, libérés de leurs dettes et resteront toujours à la merci de leurs créanciers qui pourront toujours faire rapporter le jugement de réhabilitation, c'est-à-dire faire retomber le réhabilité en état de faillite, ou simplement poursuivre le recouvrement de leur créance.

Si cette situation créée au réhabilité sur simple consentement est véritablement extraordinaire, ce qui est encore plus choquant, c'est que les poursuites d'un seul créancier pourront provoquer ce résultat, pendant que, pour être réhabilité, le failli aura dû apporter au tribunal le consentement unanime de tous ses créanciers à cette réhabilitation.

Au contraire, les réhabilités, sur remise de créance

de leurs créanciers, bénéficient d'une décision définitive
qui ne pourra être rapportée, même si tous les créanciers
d'accord réclamaient cette mesure ; cela tient à ce que la
remise de dettes, d'après notre droit, a un caractère
libératoire au même titre que le paiement.

Il s'en suit que les faillis concordataires, les liquidés
judiciaires ainsi que les associés d'une maison de commerce tombée en faillite qui ont obtenu un concordat
spécial, qui obtiennent leur réhabilitation commerciale,
bénéficient également d'une décision définitive, celle-ci
ne leur étant accordée que sur la justification du paiement de leurs dividendes, seule fraction de leurs dettes
qui pût être exigée par leurs créanciers, le surplus de
ces créances ne constituant plus à l'égard du failli concordataire ou liquidé judiciaire que des créances morales.

Pour obtenir le bénéfice de la réhabilitation facultative
qui peut toujours être refusée par les tribunaux qui,
dans ce cas, ont un droit souverain d'appréciation, il
faudra toujours beaucoup de tact dans la procédure et
l'établissement des pièces à produire.

Les pièces à produire pour la réhabilitation facultative
sont les mêmes que celles pour la réhabilitation de droit
avec, en plus, les quittances constatant le paiement des
dividendes, et pour la réhabilitation sur remise de dettes,
ou sur consentement unanime de tous les créanciers,
les certificats constatant les remises ou ces consentements, lesquels pourront être individuels ou collectifs et devront toujours être établis sur timbre de
o fr. 60, 1 fr. 20 ou 1 fr. 80, suivant la dimension né-
cessitée par leur texte.

Les faillis condamnés pour banqueroute simple pourront également obtenir le bénéfice de la réhabilitation

facultative s'ils ont purgé leur peine et si les tribunaux se montrent bienveillants à leur égard.

La réhabilitation facultative comme la réhabilitation de droit peut être obtenue après la mort du failli ou du liquidé judiciaire par ses représentants.

Des effets de la Réhabilitation commerciale

De la date où se produisent ces effets

La réhabilitation commerciale a pour effet de remettre le failli dans la situation où il se trouvait avant le prononcé du jugement déclaratif de faillite ou de liquidation judiciaire.

Les effets du jugement de réhabilitation se produisent immédiatement et du jour où le jugement est prononcé et non du jour où celui-ci est devenu définitif et a été transcrit, et cela, que ce jugement ait été frappé d'opposition, d'appel ou de recours en cassation. C'est toujours du jour où il a été rendu, et cela, bien entendu, s'il est confirmé, car s'il était réformé, il n'y aurait pas réhabilitation.

Si la réhabilitation intervient avant l'expiration des dix années à dater du jour de la déclaration de faillite, elle a pour effet de rendre au réhabilité, avec tous ses autres droits, le droit de vote.

Si, au contraire, cette réhabilitation intervient après

un délai de dix années, à dater du jour de la déclaration de faillite, elle n'aura pas pour effet de restituer au failli le droit de vote que celui-ci a reconquis de plein droit par le seul effet du temps écoulé. Il en sera de même pour les liquidés judiciaires qui, n'ayant pas perdu leur droit de vote du fait de la liquidation, n'ont pas à le reconquérir.

La réhabilitation produit des effets véritablement extraordinaires qui seront indiqués dans le chapitre intitulé : *Des Droits que conservent les Créanciers d'un Failli après la Réhabilitation de celui-ci. Des actions qu'ils peuvent exercer.*

Faillis qui ne peuvent obtenir le bénéfice de la Réhabilitation commerciale.

Formalités qu'ils ont à remplir pour pouvoir ensuite obtenir le bénéfice de cette Réhabilitation.

Les condamnés pour banqueroute frauduleuse, vol, escroquerie et abus de confiance ne peuvent obtenir le bénéfice de la réhabilitation commerciale. Toutefois même, ces faillis peuvent prétendre au bénéfice de cette réhabilitation s'ils ont obtenu le bénéfice de la loi de sursis, mais seulement dans le cas ou, au moment de la demande en réhabilitation commerciale, il se sera écoulé cinq années depuis la condamnation pénale et que, pendant cette période, il ne sera intervenu aucune autre condamnation pénale contre eux. Ces mêmes faillis pourront également prétendre à obtenir la réhabilitation commerciale bien qu'ils n'aient pas obtenu le bénéfice de la loi de sursis.

Pour cela, ils devront d'abord se faire réhabiliter des condamnations pénales. Mais, dans ce cas et dans l'état actuel de notre législation, et par suite de la combinaison des textes et de la jurisprudence, il faudra que les faillis qui se trouvaient dans cette triste situation, aient d'abord payé tout leur passif, principal, intérêts complets simples, mais sans réductions ni limites et les frais ; car ce n'est qu'à cette condition que la réhabilitation pénale, qui doit précéder la réhabilitation commerciale, pourra leur être accordée ; mais après la réhabilitation pénale ils auront droit à la réhabilitation commerciale de droit.

C'est là, on le voit, des situations bien compliquées pour ceux qui ne sont pas familiarisés avec les dédales de notre législation. Elles sont la conséquence naturelle des modifications partielles qui sont pratiquées dans notre vieil arsenal légal, qui n'a pas seulement besoin de modifications mais d'une refonte complète, non pas seulement pour l'équité, mais aussi simplement pour la logique.

Moins pénible est la situation des faillis qui ont vu leur faillite clôturée pour insuffisance d'actif ; mais cette situation ne leur permet pas d'obtenir leur réhabilitation commerciale. En effet, dans la clôture pour insuffisance d'actif, les créances n'ayant été ni affirmées ni vérifiées, la procédure édictée pour la réhabilitation ne peut, en ce cas, recevoir son application. Il s'ensuit que les faillis se trouvant dans cette situation, pour obtenir leur réhabilitation, devront, par avance, faire rouvrir leur faillite, afin que celle-ci soit suivie d'une façon régulière.

Et lorsque cette première procédure sera terminée, ils pourront, quelle que soit la date de la déclaration de faillite, introduire une demande en réhabilitation de droit, s'ils se trouvent dans la catégorie des faillis pouvant bénéficier de cette réhabilitation, ou une demande en réhabilitation facultative s'il s'est écoulé au moins cinq années, depuis le jour de la déclaration de faillite, au jour de la demande, et s'ils se trouvent dans la deuxième catégorie des réhabilitables.

De la non limitation des Demandes successives en Réhabilitation.

Délai après lequel une demande en réhabilitation commerciale, qui a été repoussée, peut être introduite à nouveau, et date de laquelle part ce délai.

La loi n'ayant pas limité le nombre de demandes successives en réhabilitation commerciale, il s'en suit que ces demandes pourront être renouvelées, par les intéressés, à l'infini, lorsque les demandes précédentes auront été repoussées soit par les tribunaux de commerce soit par les cours d'appel.

Mais une nouvelle demande ne pourra être formée

qu'une année après la date de la dernière décision judiciaire qui aura repoussé la précédente demande.

Dans ces cas, il sera très important d'appuyer les
nouvelles demandes par des motifs nouveaux.

Du cas où un ou plusieurs créanciers se refuse-
raient de recevoir le montant de leurs créances
ou se trouveraient disparus sans qu'il soit pos-
sible de les retrouver eux ou leurs représentants.

*Formalités à remplir : Mesures à solliciter du tri-
bunal afin que les fonds, dans ce cas, déposés à la
Caisse des dépôts et consignations, ne tombent pas aux
mains de l'Etat par la prescription trentenaire.*

Au cas où un ou plusieurs créanciers se refuseraient
de recevoir du failli le montant des sommes leur revenant, ou au cas où un ou plusieurs créanciers se trouveraient disparus sans qu'il soit possible de les retrouver
eux ou leurs représentants, ou se trouveraient décédés
sans héritiers ou ayants-droit, le failli devra faire déposer les sommes revenant à ces créanciers à la Caisse
des dépôts et consignations, par ministère d'huissier, lesquels procèderont pour cette opération comme en matière
d'offres réelles, suivies de consignations et, pour les disparus ou décédés, par voie de sommation au dernier
domicile connu, suivie de dépôt ; mais il est à remarquer

que les sommes à déposer pourront être réduites du montant des frais nécessités pour arriver à opérer ces dépôts, ces frais devant être à la charge des créanciers (art. 1260 du Code civil). Il suffira donc au demandeur en réhabilitation de verser à l'huissier qu'il chargera de procéder aux offres et au dépôt, le montant des sommes dues. Ce sera à cet officier ministériel à imputer sur ces sommes les prélèvements nécessaires pour le couvrir et le rénumérer de sa procédure.

Les sommes ainsi déposées à la Caisse des dépôts et consignations, soit dans le cas du refus de recevoir, soit dans le cas de disparition ou de décès, pourront être retirées par le demandeur en réhabilitation si celle-ci lui a été refusée et si les ayants droit n'ont pas eux-mêmes retiré ces sommes. Mais si la réhabilitation lui a été acccordée, il n'aura plus le droit de retirer ces sommes, et si les ayants droit ou leurs représentants ne se présentent pas eux-mêmes pour les retirer, elles tomberont au bout de trente ans dans la catégorie des biens vacants et sans maîtres (art. 713 du Code civil, c'est-à-dire qu'elles seraient acquises à l'Etat.

Pour éviter cette situation et permettre au déposant, même réhabilité, de pouvoir retirer ces sommes au bout d'un certain temps, si elles n'ont pas été réclamées par les créanciers ou leurs représentants, le demandeur en réhabilitation devra, par requête, demander au tribunal de fixer, dans son jugement de réhabilitation, une date à laquelle le déposant pourra retirer les sommes déposées, si elles n'ont pas été réclamées par les créanciers ou leurs représentants. Le délai de cinq années, à dater du jour du jugement de réhabilitation, nous parait un délai normal qui pourrait être fixé par les tribunaux, par voie d'assimilation à l'article 623 du Code d'instruction criminelle, modifié par la loi du 14 août 1885, aux termes duquel le condamné pénalement, qui sollicite sa réhabilitation, doit justifier du paiement des frais de justice, de l'amende et des dommages-intérêts.

Si la partie lésée ne peut être retrouvée ou si elle refuse de recevoir, il y a lieu également à dépôt à la Caisse des dépôts et consignations, et, si la partie lésée ou ses représentants ne se présentent pas dans le délai de cinq années pour se faire attribuer les sommes consignées, celles-ci sont restituées au déposant, cinq ans après le jugement de réhabilitation, sur sa simple demande.

Des Droits que conservent les Créanciers d'un Failli après la Réhabilitation de celui-ci

Des actions qu'ils peuvent exercer.

Du cas de dol ou de fraude de la part du Demandeur en réhabilitation dans la procédure qui a abouti à cette réhabilitation.

Les créanciers d'un réhabilité qui n'auraient pas été intégralement payés de leurs créances et qui n'auraient pas été opposants ou intervenants à l'instance en réhabilitation, conservent le droit de poursuite contre le réhabilité et ce, en paiement intégral de leurs créances, excepté toutefois lorsqu'ils ont participé à la faillite et accepté ou subi un concordat. Dans ce cas il n'ont droit qu'au paiement du dividende concordataire.

Il en est de même lorsqu'ils ont consenti une remise partielle de la créance, ils ne peuvent plus réclamer que la fraction de la créance dont ils n'ont pas fait remise.

Dans le cas où les créanciers auraient consenti une remise intégrale de la dette, ils ont perdu par cela tous leurs droits contre le réhabilité, cette remise produisant les mêmes effets que le paiement effectif.

Néanmoins, dans le cas de réhabilitation de droit, les créanciers qui n'auraient pas été intégralement payés, même s'ils ont consenti ou subi un concordat, auront droit au paiement intégral de leur créance, principal, intérêts (5 années maximum) et les frais.

Il en sera de même s'ils n'ont pas produit à la faillite, et dans ce cas ils auraient droit aux intérêts jusqu'au jour du paiement si les créances étaient productives d'intérêt, et ils pourraient faire rouvrir ou déclarer à nouveau le réhabilité en faillite. Mais, dans le cas fort rare que, s'il se produisait, ne serait que le résultat d'une erreur, où les créanciers ayant produit à la faillite verraient leur débiteur réhabilité de droit sans être intégralement payés et sans que le montant de leur créance ait été déposé à la Caisse des dépôts et consignations, les créanciers conserveraient le droit de réclamer le montant de leur créance, mais ce droit ne serait plus qu'un droit civil n'ayant pas le pouvoir de faire perdre au réhabilité de droit, le bénéfice de la réhabilitation, ni même de pouvoir le faire déclarer à nouveau en faillite s'il ne soldait pas ses créanciers, excepté dans le cas où la réhabilitation aurait été obtenue par des moyens frauduleux par lesquels le réhabilité aurait surpris la religion des juges.

Si, en dehors des cas de la réhabilitation accordée sur le consentement unanime des créanciers, l'on peut dire en thèse générale que lorsqu'un jugement ou un arrêt de réhabilitation commerciale a obtenu l'autorité de la chose jugée, la décision qu'il a consacrée est définitive Il en serait autrement dans le cas de dol ou de fraude ; et ceux qui auraient obtenu une réhabilitation par de tels moyens pourraient se voir privés du bénéfice de cette décision. Mais, dans ce cas, que nous considérons comme presque impossible, pour faire perdre aux réhabilités le bénéfice de la réhabilitation, il serait nécessaire de le faire condamner pénalement par avance pour dol ou pour fraude commis par lui dans la procédure qui a précédé la réhabilitation, afin de faire ensuite annuler le jugement ou l'arrêt de réhabilitation.

Des effets de la prescription des Créances commerciales en matière de Réhabilitation.

Nous avons très consciencieusement indiqué, dans le chapitre qui précède, les droits que conservent les créanciers des faillis réhabilités, et, dans les deux chapitres qui vont suivre, nous expliquerons, de même, les droits des créanciers dans les instances en réhabilitation de leurs débiteurs, et les moyens que leur donne la loi de s'opposer à leur réhabilitation.

Mais, avant cela, nous devons signaler les situations qui sont la conséquence de la prescription des créances commerciales.

Les créances commerciales étant prescrites par cinq années à dater du jour où elles se sont constituées, c'est-à-dire lorsqu'il n'y a pas de titres ni de preuves qu'il ait été fixé une échéance, du jour où la livraison a été faite, ou du jour de l'échéance de cette créance, si l'on peut justifier qu'il ait été fixé une échéance. Si la créance est établie par des effets de commerce souscrits ou acceptés par les débiteurs, le délai de prescription court du jour de l'échéance de ces effets si ces effets n'ont pas été protestés ou s'ils ont été protestés tardivement ; si, au contraire, ces effets ont été protestés en temps utile, c'est de la date du protêt que court le délai de prescription.

Il résulte des conséquences de cette prescription que les créanciers, qui n'ont pas produit à la faillite ou à la liquidation judiciaire de leurs débiteurs, et s'ils n'ont pas pris jugement sur leur créance, afin d'obtenir la prorogation de la prescription de leur créance à trente ans, ne pourront obtenir le paiement de leur créance, ni faire perdre à leurs débiteurs réhabilités le bénéfice de la réhabilitation, si ceux-ci leur opposent la prescription.

Il est bien entendu que l'hypothèse ci-dessus ne pourrait recevoir son application que si les réclamations des créanciers se produisaient après la réhabilitation, car, si elles se produisaient avant, elles feraient partie des faits soumis à l'appréciation des juges chargés de prononcer la réhabilitation et, dans le cas de réhabilitation de droit, obligerait ceux-ci à repousser la demande en réhabilitation ; et, dans le cas de la réhabilitation facultative, il est à penser que les oppositions ou interventions, faites en vertu de créances auxquelles le débiteur-demandeur en réhabilitation n'opposerait que la prescription, sans aucune autre justification de libération, l'exposerait, sérieusement, à voir sa demande repoussée.

Ceux des Créanciers qui ont le droit de s'opposer aux Réhabilitations commerciales

Mode d'opposition

Ceux des Créanciers qui ont le droit d'intervenir dans une Réhabilitation commerciale

Mode d'intervention.

Tous les créanciers du demandeur en réhabilitation, qu'ils aient été intégralement payés ou non, ont le droit de faire opposition à cette demande, que celle-ci soit une demande en réhabilitation de droit ou en réhabilitation facultative.

L'opposition doit être faite par une déclaration au greffe du tribunal de commerce devant lequel est introduite la demande en réhabilitation. L'opposant doit verser en même temps, entre les mains du greffier, les pièces sur lesquelles il appuie son opposition, s'il en a.

Tous les opposants peuvent intervenir dans l'instance en réhabilitation. Pour cela, ils doivent introduire, par ministère d'huissier, une requête d'intervention auprès du tribunal et faire dénoncer cette intervention, toujours par ministère d'huissier, au demandeur en réhabilitation.

Les oppositions et les interventions sont toujours recevables tant que le jugement sur la demande en réhabilitation n'a pas été prononcée. Mais il est préférable qu'elles soient formées le plus tôt possible et dès que les créanciers reçoivent du greffier la lettre recommandée les avisant de la demande en réhabilitation de leur débiteur, ils doivent faire le nécessaire.

L'intervention a, pour les créanciers, un grand avantage sur l'opposition. L'opposition ne donne, au créancier opposant, que le droit d'être entendu par le tribunal ou par la cour d'appel, si l'affaire est portée devant cette dernière, soit par le demandeur en réhabilitation, soit par le procureur de la République soit par un ou plusieurs créanciers intervenants.

Il est à remarquer que les cours ou les tribunaux peuvent se dispenser d'entendre les créanciers opposants lorsqu'ils estiment cette audition inutile. Pendant que l'intervention permet aux créanciers intervenants de discuter et de faire discuter, par leur conseil, tant devant le tribunal que devant la cour en chambre du conseil, tous les moyens en vertu desquels, ils veulent faire repousser la demande en réhabilitation.

L'intervention donne le droit aux intervenants de faire appel des jugements rendus par les tribunaux de commerce et de se pourvoir en cassation contre les arrêts des cours d'appel, droit qui n'est point accordé aux opposants, lesquels, en cas d'appel, ne sont reçus devant la cour que dans les conditions où ils ont été reçus devant le tribunal de commerce.

Il est à remarquer que les créanciers qui n'ont pas d'abord porté leurs oppositions ou leurs interventions devant les tribunaux de commerce, ne peuvent être admis, soit comme opposants, soit comme intervenants devant les cours d'appel.

Ceux qui ont le droit de faire Appel d'un jugement de Réhabilitation commerciale et de se pourvoir en Cassation contre les arrêts des Cours d'appel en la même matière.

Délais

Les demandeurs en réhabilitation, le procureur de la République et les créanciers qui ont été intervenants devant le tribunal de commerce, dans une instance en réhabilitation commerciale, ont le droit de faire appel du jugement rendu par le tribunal de commerce et de se pourvoir en Cassation contre les arrêts des Cours d'appel.

Le délai de l'appel est de un mois à partir de la lettre recommandée par laquelle le greffier du tribunal de commerce fait connaître aux intéressés la décision dudit tribunal. Ce délai est le même, tant pour le demandeur en réhabilitation que pour le procureur de la République, que pour les créanciers ayant été intervenants devant le tribunal de commerce.

Cet appel doit être formé par exploit d'huissier contenant constitution d'avoué, et être signifié au Procureur de la République ainsi qu'aux créanciers intervenants, s'il y en a eu.

Cet exploit doit être suivi d'une requête à MM. les premier Président, Présidents et Conseillers composant la Cour d'appel.

Nous donnons à la fin de nos formules une formule d'exploit d'appel et une formule de requête pour introduire appel d'un jugement du Tribunal de commerce qui aurait repoussé la demande en réhabilitation, ainsi qu'une formule d'exploit d'appel d'un jugement d'un Tribunal de commerce ayant prononcé la réhabilitation d'un failli, dans le cas où cet appel serait introduit par un créancier ayant été intervenant dans l'instance devant le Tribunal de commerce.

Cet appel doit être signifié au réhabilité, au Procureur de la République et aux autres créanciers intervenants s'il y en a eu d'autres dans l'instance devant le Tribunal de commerce.

Ceux qui peuvent se pourvoir en cassation contre les arrêts des Cours d'appel dans les demandes en réhabilitation commerciale, sont les mêmes que ceux qui peuvent se pourvoir en appel contre les jugements des tribunaux de commerce rendus sur les mêmes demandes.

Le délai pour se pourvoir en Cassation est de deux mois, à dater de la lettre recommandée adressée aux intéressés par le greffier de la Cour d'appel qui a rendu l'arrêt.

Dans ces instances devant la Cour de cassation comme dans la plupart des instances devant cette haute juridiction, l'assistance d'un des avocats admis à sa barre est indispensable.

LOI

Relative à la Réhabilitation des Faillis

Du 30 Décembre 1903

Promulguée

Au *Journal Officiel* le 31 Décembre 1903 (P. 7884)

Le Sénat et la Chambre des Députés ont adopté,

Le Président de la République promulgue la loi dont la teneur suit :

Article premier. — Les faillis non condamnés pour banqueroute simple et frauduleuse ne peuvent être inscrits sur la liste électorale pendant dix ans, à partir de la déclaration de faillite.

Ils ne sont éligibles qu'après réhabilitation.

Art. 2. — Les articles 604 à 612 du Code du commerce sont modifiés comme il suit :

« *Art. 604.* — Est réhabilité de droit le failli qui aura intégralement acquitté les sommes par lui dues en capital, intérêts et frais, sans toutefois que les intérêts puissent être réclamés au delà de cinq ans.

« Pour être réhabilité de droit, l'associé d'une maison de commerce tombée en faillite doit justifier qu'il a acquitté dans les mêmes conditions toutes les dettes de la société, lors même qu'un concordat particulier lui aurait été consenti.

« En cas de disparition, d'absence ou de refus de recevoir d'un ou de plusieurs créanciers, la somme due est déposée à la Caisse des Dépôts et Consignations, et la justification du dépôt vaut quittance.

« *Art. 605.* — Peut obtenir sa réhabilitation en cas de probité reconnue :

« Après cinq années à partir du jugement de déclaration de la faillite :

« Le failli qui, ayant obtenu un concordat, aura, au moment de la demande, intégralement payé les dividendes promis. Cette disposition est applicable à l'associé d'une maison de commerce tombée en faillite, qui a obtenu des créanciers un concordat particulier ;

« Celui qui justifie de la remise entière de ses dettes par ses créanciers ou de leur consentement unanime à sa réhabilitation. »

« *Art. 606.* — Toute demande en réhabilitation sera adressée au procureur de la République de l'arrondissement dans lequel la faillite a été prononcée, avec les quittances et les pièces qui la justifient.

« Ce magistrat en adressera des expéditions, certifiées par lui, au président du tribunal de commerce qui a déclaré la faillite et au procureur de la République du domicile du demandeur, en les chargeant de recueillir tous les renseignements qu'ils pourront se procurer sur la vérité des faits exposés. »

« *Art. 607.* — Copie de la demande restera affichée pendant un délai de un mois dans la salle d'audience du tribunal. Avis en sera donné par lettres recommandées à chacun des créanciers vérifiés à la faillite ou reconnus par décision judiciaire postérieure, qui n'auront pas été intégralement payés dans les conditions de l'art. 604. »

« *Art. 608.* — Tout créancier qui n'aura pas été payé intégralement dans les conditions de l'art. 605 pourra, pendant la durée de l'affaire, former opposition à la réhabilitation par simple acte au greffe, appuyé des pièces justificatives. Le créancier opposant pourra, par requête présentée au tribunal et notifiée au débiteur, intervenir dans la procédure de réhabilitation. »

« *Art. 609.* — Après l'expiration du délai, le résultat des enquêtes prescrites ci-dessus et les oppositions formées par les créanciers seront communiquées au procureur de la République saisi de la demande, et transmis par lui, avec son avis motivé, au président du Tribunal de commerce. »

« *Art. 610.* — Le tribunal appellera, s'il y a lieu, le demandeur et les opposants et les entendra contradictoirement en chambre du conseil. Le demandeur pourra se faire asssister d'un conseil.

« Dans le cas de l'art. 604, il se bornera à constater la sincérité des justifications produites et, si elles sont conformes à la loi, il prononcera la réhabilitation.

« Dans celui de l'article 605, il appréciera les circonstances de la cause.

« Le jugement sera rendu en audience publique.

« Il pourra être frappé d'appel, tant par le demandeur que par le procureur de la République et les créanciers opposants dans le délai de un mois à partir de l'avis qui leur aura été donné par lettre recommandée.

« Les créanciers opposants seront également avisés du jugement. Il pourront exercer leur droit d'opposition devant la Cour d'appel.

« La Cour d'appel statuera après examen et suivant les formes ci-dessus prescrites. »

« *Art. 611.* — Si la demande est rejetée, elle ne pourra être reproduite qu'après une année d'intervalle.

« Si elle est admise, le jugement ou l'arrêt sera transcrit sur le registre du tribunal de commerce du lieu de la faillite et de celui du domicile du demandeur.

« Il sera, en outre, adressé au procureur de la République qui aura reçu la demande et, par les soins de ce dernier, au procureur de la République du lieu de naissance du demandeur, qui en fera mention en regard de la déclaration de faillite sur le casier judiciaire. »

« *Art. 612.* — Ne sont point admis à la réhabilitation commerciale : les banqueroutiers frauduleux, les personnes condamnées pour vols, escroquerie ou abus de confiance, à moins qu'ils n'aient été réhabilités, conformément aux articles 619 et suivants du Code d'instruction criminelle.

« Le deuxième paragraphe de l'art. 634 du Code d'instruction criminelle est abrogé. »

Art. 3. — Les dispositions ci-dessus et l'art. 614 du Code de commerce sont applicables aux commerçants qui ont obtenu la liquidation judiciaire.

Art. 4. — Sont abrogées les dispositions du décret organique du 2 février 1852, contraires à la présente loi.

La présente loi, délibérée et adoptée par le Sénat et par la Chambre des Députés, sera exécutée comme loi de l'Etat.

Fait à Paris, le 30 décembre 1903.

Emile LOUBET.

Par le Président de la République,

Le Garde des sceaux, Ministre de la Justice,

E. VALLÉ.

Formule n° 1

Formule d'une procuration donnée à un mandataire pour établir et adresser au Procureur de la République, au nom du failli, une demande en réhabilitation, remplir toutes les formalités nécessaires à cet effet, représenter le failli, chaque fois que cela se pourra, et l'assister devant le tribunal de commerce dans le cas où la loi exige sa présence.

Le soussigné Jean-Marie Poulardin, né le 11 mars 1867, à Arlenc, arrondissement d'Ambert, département du Puy-de-Dôme, demeurant à Rioz, arrondissement de Vesoul, département de la Haute-Saône, rue Lemoignon, n° 37, déclaré en faillite par jugement du tribunal de commerce de la Seine, en date du vingt et un novembre mil huit cent quatre-vingt-dix-sept, alors qu'il exerçait la profession de marchand de vins, charbons, à Paris, rue des Archives, n° 210 ;

Donne pouvoir à Me André-René Marange, avocat-conseil, pour dresser, signer pour lui et faire parvenir à M. le Procureur de la République près le tribunal civil de la Seine, une demande en réhabilitation de droit (article 604 du code de commerce, loi du 30 décembre 1903), pour établir le dossier relatif à cette demande, le remettre à M. le Procureur de la République, et le représenter dans son instance en réhabilitation chaque fois qu'il en sera besoin et l'assister dans les cas où sa présence est exigée par la loi.

Donné à Rioz, le vingt avril mil neuf cent quatre.

Bon pour pouvoir :

J.-M. POULARDIN.

Voir observations.

Formule n° 2

Formule de requête en Réhabilitation de droit

Monsieur le Procureur de la République,
　　　　　　　près le Tribunal civil de la Seine,

Le soussigné :

Edouard Cordier, né le 25 novembre 1855 à Clary, arrondissement de Cambrai, département du Nord, déclaré en faillite le 5 août 1901 par le tribunal de commerce de la Seine, alors qu'il exerçait la profession de restaurateur à Paris, rue Saint-Honoré, n° 109, a l'honneur de déposer entre vos mains la présente requête aux fins d'obtenir du tribunal de commerce de la Seine sa réhabilitation commerciale de droit, conformément à l'art. 604 du Code de commerce (loi du 30 décembre 1903), tous ses créanciers ayant été intégralement désintéressés ainsi que cela résulte des pièces formant le dossier qu'il a l'honneur de vous adresser par pli séparé, comme papiers d'affaires recommandés.

Il ose espérer, Monsieur le procureur de la République, que vous voudrez bien donner à cette requête un avis favorable, la faillite du requérant ayant été causée par suite de l'ouverture, en janvier 1900, au n° 102 de la rue Saint-Honoré, c'est-à-dire presque en face de son établissement, d'un de ces grands bouillons Charpentier qui lui a enlevé la presque totalité de sa clientèle, juste au moment où, en vue de l'exposition qui allait s'ouvrir, il venait de s'imposer des frais importants pour l'agrandissement et la remise à neuf de sa salle de restaurant et de la transformation, en vue d'un plus grand débit de sa cuisine.

Ce sont les frais qui ont été la conséquence de cet agrandissement qui ont été la cause de sa faillite, frais qu'il espérait facilement couvrir par les bénéfices qu'il comptait retirer de l'augmentation de sa clientèle que lui aurait certainement amené l'affluence inaccoutumée des voyageurs attirés à Paris, par l'exposition, prévisions qui ne se sont pas réalisées par suite de l'installation, presque à sa porte, du grand établissement du bouillon Charpentier.

Depuis le jour de sa faillite le requérant a, successivement, habité, à Paris où il exerçait la profession de garçon limonadier, du 1er septembre 1901 au 8 janvier 1902, rue Lepicq, n° 20 ; du 8 janvier 1901 au 1er avril de la même année, rue aux Ours, n° 50 et, du 1er avril 1902 au 20 septembre 1903, à Sommière, arrondissement du Vigan, département du Gard, où il était employé au Grand Hôtel comme garçon de salle, du 13 septembre 1903 à ce jour, à Lyon, rue de Bondy, n° 117, où il a créé une maison de marchand de vins-traiteur.

Pour appuyer la présente requête, par plis séparés, comme papiers d'affaires recommandés, il vous remet, Monsieur le Procureur de la République, son dossier qui se compose des pièces suivantes :

Expéditions du jugement déclaratif de la faillite du 5 août 1901, du bilan, du procès-verbal d'affirmation des créances, du procès-verbal constatant le vote du concordat ou (*du jugement homologant le dit concordat*) ou (*du jugement constatant l'union*), du procès-verbal de reddition des comptes du syndic ; expédition du jugement du tribunal de commerce de la Seine du 3 septembre 1901 admettant la créance Germain, expédition du jugement du même tribunal, en date du 17 septembre 1901, admettant la créance Hélier. Procès-verbal d'offres du ministère de Me Gaman, huissier à Paris, en date du 7 mars 1904, et récépissé de dépôt à la Caisse des Dépôts et Consignations du montant de la créance Galfroy. Procès-verbal de sommation du ministère du même huissier, en date du 10 mars 1904, et récépissé du dépôt à la Caisse des Dépôts et Consignations de la créance Aristide Césier.

Les quittances individuelles des sieurs Zoé Martial, Serge Calixte, Lucie Attale et Emile Hélier. La quittance collective aux sieurs Iréné David, Gay Ruffin, Joachim Benoti, Alexandre Germain, à la société en nom collectif Rigobert et Marc, à la société en commandite simple Pépin et Cie et à la Société anonyme, La Distillerie de Lutèce.

En vous demandant, Monsieur le procureur de la République, de bien vouloir hâter le plus possible les formalités.

Le requérant vous prie de croire à ses sentiments respectueux.

Lyon, le quinze mars mil neuf cent quatre.

Voir observations.   E. CORDIER.

Formule n° 3

Formule d'une Requête en Réhabilitation facultative

Monsieur le Procureur de la République
près le Tribunal civil de la Seine,

Le soussigné :

Bernard Gry, né le 16 mars 1856 à Sauve, arrondissement du Vigan, département du Gard, demeurant actuellement à Tarascon, arrondissement d'Arles, département des Bouches-du-Rhône, rue Tarasque n° 20, déclaré en faillite le 7 juin 1883 par le tribunal de commerce de la Seine, alors qu'il exerçait la profession de marchand de vins à Paris, rue Turbigo n° 99, a l'honneur de déposer entre vos mains la présente requête aux fins d'obtenir sa réhabilitation commerciale facultative, conformément à l'article 605 du code de commerce (loi du 30 décembre 1903), établi à Paris, rue Turbigo n° 99, depuis le 1er février 1889, époque à laquelle il avait acheté d'un sieur Jean Fripoully, pour la somme de quinze mille francs, payés cinq mille francs comptant, et le surplus, soit dix mille francs, en effets de commerce payables de six mois en six mois. Cet établissement qui lui avait été présenté par M. Fripoully et M. Coquinot, le marchand de fonds qui le lui avait indiqué, comme faisant un chiffre d'affaires de cinq à six mille francs par mois ; faisait à peine, à sa prise de possession, deux mille francs.

Dès les premières échéances il s'est trouvé très gêné et il dut demander, à son notaire à Sauve, des fonds sur hypothèque de la maison et du jardin qu'il possède dans cette ville, et puis, plus tard, à ses beaux-parents, lesquels en plus des cinq mille francs de dot qu'ils avaient fait à sa femme, lesquels cinq mille francs avaient servi à faire le versement comptant sur le prix du fonds, lui avancèrent encore, en plusieurs fois, trois mille francs ; mais le 8 octobre 1890 sa femme étant morte des suites d'une deuxième couche, après sept mois de maladie, en lui laissant un petit garçon de quatre ans et demi et une fillette de sept mois.

A dater de ce moment, ses beaux-parents ont refusé de continuer leurs avances et il n'a plus pu faire face, d'une façon régulière, à ses échéances, et, le 1er mars 1893, Il dut déposer son bilan au greffe du tribunal de commerce de la Seine, lequel bilan ne comportait que sept mille francs de créances passives, dont : quatre mille francs en billets restant dus à M. Fripoully, sur le prix du fonds, et trois mille francs à des fournisseurs divers.

Si l'hypothèque légale de ses enfants n'était pas venue le mettre dans l'impossibilité d'obtenir encore quelques fonds sur sa maison et son jardin de Sauves, il aurait probablement pu parvenir à se liquider et à se maintenir dans sa situation.

La vente du fonds et des marchandises, faites par le syndic, M. Bourier, demeurant à Paris, rue Lacépède, nº 7, n'ayant donné que quatre mille sept cent cinquante francs, c'est après quatre années d'un travail acharné et après avoir absorbé une somme de douze mille francs que le requérant est resté en faillite avec seulement deux mille francs de dettes non payées à ses créanciers.

A la sortie de son établissement, le 31 août, il est entré comme garçon à la brasserie Corneille, à Paris, rue Blanche, nº 96, où il est resté jusqu'au 31 décembre 1896, époque à laquelle il est devenu gérant de l'hôtel du Roy, à Chalons, département de la Marne, rue Lahire nº 10, situation qu'il a conservée jusqu'à ce jour.

Pendant qu'il était garçon à Paris, à la brasserie Corneille, il a habité successivement, du 31 août 1893 au 8 avril 1895, rue Pigalle, nº 15 et, du 8 avril 1895 au 31 décembre 1896, date de son départ pour Chalons, rue Béranger nº 88, et à Chalons, il a toujours habité l'hôtel dont il est le gérant.

Malgré ses malheurs, il parvient, par son travail, à élever ses enfants en bon père de famille. Son aîné, le garçon, actuellement âgé de 18 ans et demi, après avoir obtenu son certificat d'études supérieur, est comme apprenti cuisinier dans l'hôtel dont il est le gérant, et sa fille, âgée de 15 ans environ, suit encore, comme externe, les cours d'une pension de Chalons.

Il ose donc espérer, Monsieur le procureur de la République, qu'après que vous vous serez livré à votre enquête et que vous aurez transmis le dossier à Monsieur le Président du Tribunal de commerce de la Seine, celui-ci voudra bien, sur vos conclusions favorables, lui accorder le bénéfice de la réhabilitation facultative qu'il sollicite humblement de sa bienveillance.

A cet effet, le requérant vous remet, par pli séparé, comme papiers d'affaires recommandés, son dossier destiné à appuyer sa demande, lequel se compose des pièces ci-après :

(Ces pièces sont les mêmes que celles énumérées dans la requête en réhabilitation de droit avec, en moins, les quittances qui sont indiquées à la dite requête et qui doivent être remplacées par les pièces suivantes)

Quittances constatant le paiement du dividende à tous les créanciers de la faillite, les sieurs : Jean Guilbert, Louis Méon, Paul-Joseph Tarrier, Marcel Maur, Jourvil et Cotognat et J. Frank et Cie ;

ou

quittances avec remise partielle de créances des sieurs : Jean Guilbert, Louis Méon, Paul Joseph Tarrier, Marcel Maur, Jourvil et Cotognat et J. Frank et Cie ;

ou

les actes individuels de remise de créances des sieurs : Jean Guilbert, Louis Méon, Paul-Joseph Tarrier et l'acte collectif de remise de créances des sieurs : Marcel Maur, Jouvil et Cotognat, et J. Franck et Cie ;

ou

les actes individuels de consentement à la réhabilitation des sieurs : Jean Guilbert, Louis Méon, Paul-Joseph Tarrier, et l'acte collectif de consentement à la réhabilitation des sieurs : Marcel Maur, Jouvenil et Cotognat, et J. Franck et Cie.

En vous demandant, Monsieur le Procureur de la République, de bien vouloir hâter le plus possible les formalités, le requérant vous prie de croire à ses sentiments respectueux.

Chalon, le sept février mil neuf cent quatre.

Fernand GRY.

Voir observations.

Formule N° 4

Formule d'une quittance individuelle d'un créancier

Je soussigné, Pierre Dubrin, négociant en vins à Paris, quai Valmy, n° 182, créancier de la faillite du sieur Dupin, demeurant à Saint-Denis, rue de Lyon, n° 223, faillite prononcée par le Tribunal de Commerce de la Seine le sept février mil huit cent quatre vingt quinze, alors que celui-ci tenait un commerce de marchand de vins à Asnières (Seine), rue Brébant n° 3, reconnaît avoir reçu du dit sieur Dupin la somme de huit cen sept francs vingt-cinq centimes, montant de sa créance se décomposant comme il suit, savoir :

Montant de la créance affirmée, vérifiée et admise à ladite
    faillite pour six cents francs, ci . . . . 600 »
Intérêts de ladite créance, cent cinquante francs, ci . . 150 »
Frais, cinquante sept francs vingt-cinq centimes, ci . 57 25

Soit total égal, huit cent sept francs vingt-cinq
    centimes, ci 807 25

montant intégral de sa créance.

Bon pour acquit de la somme de huit cent sept francs vingt-cinq centimes,

Paris, le quinze juin mil neuf cent trois.

Pierre DUBRIN.

Voir observations.

Formule n° 5

Formule d'une quittance collective à plusieurs créanciers

Les soussignés :

1er M. Henri-Charles Bram, négociant en cuirs et peaux, à Fumel, arrondissement de Villeneuve-sur-Lot, département du Lot-et-Garonne, rue du Postel, n° 97 ;

2° M. Gabriel-Louis Pommier, ancien fabricant de galoches, à Villefranche-du-Périgord, arrondissement de de Sarlot, département de la Dordogne, actuellement propriétaire à Prat, canton du dit Villefranche-de-Périgord et son épouse Marie-Jeanne Bertrand, demeurant avec lui ;

3e Auguste Panier, demeurant à Tournon-d'Argenais, arrondissement de Villeneuve-sur-Lot, département du Lot-et-Garonne, agissant comme tuteur de ses deux neveux et de sa nièce, Pierre-Henri, Jean-Louis et Jeanne-Henriette Panier, héritiers des droits de leurs père et mère décédés, Pierre Panier et Marguerite Sauclière, son épouse, lesquels étaient de leur vivant fabricants de tiges de chaussures à Libos, même arrondissement de Villeneuve-sur-Lot, en laquelle qualité ils sont devenus créanciers de la faillite du sieur Fernand Myrotte ;

4° La Société en nom collectif J. Bertroux et M. Tillard, ayant pour objet la fabrication et la vente des pantoufles, dont le siège est à Petit-Quevilly, arrondissement de Rouen, département de la Seine-Inférieure.

Tous créanciers de la faillite du sieur Fernand Myrotte, demeurant à Servian, arrondissement de Montpellier, département de l'Hérault, rue Croix, n° 20.

Faillite prononcée par le Tribunal de Commerce de Montpellier, le 31 janvier 1895, alors que le sieur Myrotte exerçait à Montpellier, rue des Vignes, n° 40, la profession de marchand de chaussures, et dont les créances s'établissent comme il suit :

Pour M. Bram, quatre cent quinze francs, savoir :

Montant de la créance affirmée, vérifiée, admise à ladite fail-
lite, de trois cents francs, ci   300   »

Intérêts de ladite créance, soixante-quinze francs, ci.   75   »

Frais, quarante francs, ci.   40   »

Soit total égal, quatre cent quinze francs, ci   415   »

Pour M. et Mme Pommier, sept cent quatre-vingt-quatre
francs, quatre-vingt-cinq centimes, savoir :

Montant de la créance admise par jugement du Tribunal de
Commerce de Montpellier, le 7 mars 1895, enregistré, cinq
cent cinquante francs, ci   550   »

Intérêts de ladite créance, cent trente sept francs
cinquante centimes, ci   137   50

Frais, quatre-vingt-dix-sept francs trente-cinq cen-
times, ci.   97   35

Soit total égal, sept cent quatre-vingt-quatre francs
quatre-vingt-cinq centimes, ci   784   85

Pour M. Panier et ses pupilles, trois cent soixante-sept francs
quatre-vingt-quinze centimes, savoir :

Montant de la créance affirmée, vérifiée et admise à ladite
faillite de deux cent quatre-vingt francs, ci   280   »

Intérêts de ladite créance, soixante-dix francs, ci . .   70   »

Frais, dix-sept francs quatre-vingt-quinze cen-
times, ci.   17   95

Soit total égal, trois cent soixante-sept francs quatre-vingt-quinze centimes, ci   367   95

Pour la Société en nom collectif J. Bertroux et M Trillard,
mille trois cent cinquante-sept francs quinze centimes, savoir :

Montant de la créance admise par jugement du Tribunal de

Commerce de Montpellier, le 14 mars 1895, enregistrée, neuf cent quarante francs, ci...................... 940 »

Intérêts de ladite créance, deux cent trente-cinq francs, ci .. .. 235 »

Frais, cent quatre-vingt-deux francs quinze centimes, ci.......... . ,............. . ..... 182 15

Soit total égal, mille trois cent cinquante-sept francs quinze centimes........ .... 1.357 15

Sommes desquelles chacun des créanciers, en ce qui le concerne donne ici quittance.

Fumel, le 15 août 1904.

Lu et approuvé et bon pour quittance de la somme de quatre cent quinze francs.

BRAM.

Lu et approuvé et bon pour quittance de la somme de sept cent quatre-vingt-quatre francs 85 centimes.

G. POMMIER,
Marie POMMIER.

Lu et approuvé et bon pour quittance de la somme de trois cent soixante-sept francs 95 centimes, pour mes pupilles.

Le tuteur,
PANIER.

Lu et approuvé et bon pour quittance de la somme de mille trois cent cinquante-sept francs 15 centimes pour notre société.

L'un d'eux,
J. BERTROUX & M. TILLARD.

Voir observations.

Formule n° 6

Formule de quittance avec remise partielle de créance.

Le soussigné Pierre Grillon, fabricant de salaisons, à Paris, rue Picot, n° 107, créancier de la faillite Antoine Ferrand, demeurant à Ivry (Seine), rue Laplanche, n° 24.

Faillite prononcée par le Tribunal de Commerce de la Seine le 20 juin 1892, alors que celui-ci tenait un fonds de charcuterie à Maisons-Alfort (Seine), rue Duplan, n° 9.

Déclare avoir reçu du dit sieur Ferrand la somme de cinq cents francs, de laquelle somme il donne quittance, sur le montant de sa créance s'élevant à la somme de mille quatre-vingt-quinze francs soixante-dix centimes, laquelle se décompose comme il suit :

Montant de la créance affirmée, vérifiée et admise à ladite faillite, de huit cents francs, ci................ 800 »

Intérêts de ladite créance, deux cents francs, ci .. 200 »

Frais, quatre-vingt-quinze francs soixante-dix centimes, ci........ .... 95 70

Soit total égal, mille quatre-vingt-quinze francs soixante-dix centimes, ci.... .... 1.095 70

Le dit sieur Grillon déclare en outre faire remise pleine et entière au dit sieur Ferrand du solde de cette créance, soit de la somme de cinq cent quatre-vingt-quinze francs soixante-dix centimes.

Bon pour quittance de la somme de cinq cents francs, et Bon pour remise de la somme de cinq cent quatre-vingt-quinze francs soixante-dix centimes.

Paris, le premier août mil neuf cent trois.

PIERRE GRILLON.

Voir observations.

Formule n° 7

Formule d'un acte de remise de créance d'un créancier

Le soussigné Jules Bourdon, négociant en bois à ouvrer, à Romans, arrondissement de Valence, département de la Drôme, rue Moric, n° 3, créancier de la faillite du sieur Eloi Constant, demeurant également à Romans, rue Saint-Luc, n° 11, où il exerce toujours la profession d'ébéniste. Faillite prononcée par le Tribunal de Commerce de Valence, le 17 octobre 1897, et dont la créance du dit sieur Bourdon, s'élève à la somme de huit cent vingt-deux francs quatre-vingt-cinq centimes se décomposant comme il suit, savoir :

Montant de la créance affirmée et vérifiée et admise à la faillite, de six cents francs, ci.. . . . . 600 »

Intérêts de ladite créance, cent cinquante francs, ci. 150 »

Frais, soixante-douze francs quatre-vingt-cinq centimes, ci. 72 85

Soit total égal, huit cent vingt-deux francs quatre-vingt-cinq centimes, ci... . . . . 822 85

De laquelle somme M. Bourdon déclare faire pleine et entière remise à M. Constant.

> Bon pour remise pleine et entière de la somme de huit cent vingt-deux francs quatre-vingt-cinq centimes.

Romans, le dix-sept avril mil neuf cent quatre.

Jules BOURDON.

Voir observations

Formule n° 8

Formule d'un acte collectif de remise de créance

Les soussignés :

1er M. Fabien Tortat, agissant comme gérant de la Société en commandite simple Tortat et Cie, laquelle a pour objet la fabrication et la vente des tresses, gances et lacets, dont le siège est à Amiens, arrondissement dudit, département de la Somme, rue des Graviers, n° 12.

2e M. Jules Lanternié, agissant comme directeur-gérant de la Société en commandite par action « La Roubaisienne », au capital de deux millions de francs, laquelle a pour objet la vente des draps, toiles, doublures et fournitures pour marchands drapiers, tailleurs et couturières, dont le siège est à Paris, rue du Sentier, n° 115.

3e M. Arthur Leblond, agissant comme directeur de la Société anonyme « Les Toiles des Ardennes », au capital de quatre cent ciquante mille francs, laquelle a pour objet la fabrication et la vente des toiles, dont le siège est à Moulhermé, arrondissement de Méziéres, département des Ardennes, rue Colbert, n° 10.

Tous créanciers de la faillite du sieur Louis Lambert, demeurant à Troyes, arrondissement dudit département de l'Aube, rue Gambetta, n° 210,

Faillite prononcée par le Tribunal de Commerce de Versailles le 20 février 1896, alors que ledit sieur Lambert exerçait la profession de marchand de nouveautés à Sèvres, rue de Paris, n° 3, et dont les créances s'établissent comme il suit :

Pour la Société en commandite simple Tortat et Cie, quatre cent cinquante-neuf francs 20 centimes, savoir :

Montant de la créance affirmée, vérifiée et admise à ladite
faillite, trois cent vingt francs.. ....   320 »

Intérêts de ladite créance, quatre-vingt francs, ci..   80 »

Frais, cinquante-neuf francs vingt centimes, ci ...   59 20

Soit total égal, quatre cent cinquante-neuf francs
vingt centimes, ci 459 20

Pour la Société en commandite par actions « La Roubaisienne », vingt-quatre mille cinq cent cinquante francs 60 centimes, savoir :

Montant de la créance admise à ladite faillite par jugement du
Tribunal de Commerce de Versailles, le 27 avril 1896, de
dix-neuf mille francs. ci............ ....   19 000 »

Intérêts de ladite créance, quatre mille sept cent
cinquante francs, ci..... ....   4.750 »

Frais, huit cents francs soixante centimes, ci......   800 60

Soit total égal, vingt-quatre mille cinq cent cinquante francs soixante centimes, ci...........   24 550 60

Pour la Société anonyme « Les Toiles des Ardennes », de
vingt-trois mille cent onze francs 45 centimes, savoir :

Montant de la créance, affirmée, vérifiée et admise à ladite
faillite, dix-huit mille francs, ci ....   18.000 »

Intérêts de ladite créance, quatre mille cinq cents
francs, ci...... ....-   4 500 »

Frais, six cent onze francs quarante-cinq centimes,
ci,... ....   611 45

Soit total égal, vingt-trois mille cent onze francs
quarante-cinq centimes, ci...... ... .   23.111.45

Somme desquelles chacun des créanciers, en ce qui le concerne, déclare, par le présent, faire remise pleine et entière
au dit sieur Louis Lambert.

Versailles, le 17 mars 1904.

Lu et approuvé et bon pour remise pleine et entière de la somme de quatre cent cinquante neuf francs 20 centimes.

Pour la Société en commandite simple Tortat et Cie,

Le Gérant,

TORTAT et Cie.

Lu et approuvé et bon pour remise pleine et entière de la somme de vingt-quatre mille cinquante-cinq francs 60 centimes.

Pour la Société en commandite par actions
« La Roubaisienne »,

Le Directeur-Gérant,

J. LANTERNIÉ.

Lu et approuvé et bon pour remise pleine et entière de la somme de vingt-trois mille cent onze francs 45 centimes.

Pour la Société anonyme « Les Toiles des Ardennes »,

Le Directeur,

LEBLOND.

Voir observations.

Formule n° 9

*Formule d'un acte individuel d'un créancier consentant
à la Réhabilitation de son débiteur*

Le soussigné Modeste Optat, négociant en charbons à Paris,
quai de la Loire, n° 217, créancier de la faillite du sieur Antoine Rigob, demeurant à Saint-Denis, rue de Paris n° 129,
faillite prononcée par le tribunal de commerce de la Seine le
huit février 1895, alors que celui-ci tenait un fonds de marchand de vins-charbons à Levallois-Perret (Seine), rue Patay,
n° 3, laquelle créance s'élève à la somme de mille cinq cent
cinquante sept francs vingt centimes se décomposant comme
suit, savoir :

Montant de la créance affirmée et vérifiée et admise à ladite faillite, de douze cents francs, ci..............	1.200	»
Intérêts de ladite créance, trois cents francs, ci ...	300	»
Frais, cinquante-sept francs vingt centimes, ci....	57	20
Soit, total égal, mille cinq cents cinquante-sept francs vingt centimes, ci......................	1.557	20

Déclare consentir à la réhabilitation dudit sieur Rigob.

Bon pour consentement,

Paris, le sept mars mil neuf cent trois.

M. OPTAT.

Voir observations.

Formule n° 10

*Formule d'un acte collectif à plusieurs créanciers
consentant à la réhabilitation de leur débiteur*

Les soussignés :

1° M. Jean Rome, agissant comme gérant de la Société en
commandite par actions Rome et Cie, à capital variable, capital
s'élevant actuellement à la somme de sept cent mille huit cent
francs, laquelle société a pour objet la fabrication et la vente
des savons, dont le siège est à Marseille, arrondissement du dit,
département des Bouches-du-Rhône, rue Thiers, n° 21.

2° Monsieur Onésime Joly et M. Georges Couteau, agissant
le premier comme directeur et le second comme administrateur
de la Société anonyme « Les Vins d'Algérie », à capital variable, capital s'élevant actuellement à un million quatre cent
mille francs, laquelle société a pour objet l'achat et la revente
des vins aux épiciers, dont le siège est à Ivry (Seine), rue La
grange, n°s 17, 19 et 21.

3° Hubert Ducrin, Jean Fourblanc, Auguste Titcine, Pierre
Serreau, Adolphe Laplume et Gaston Lorde, agissant comme
administrateurs de la Société coopérative de production « Le
Phénix », à personnel et capital variables, capital s'élevant
actuellement à la somme de soixante-neuf mille trois cents
francs, laquelle société a pour objet la fabrication et la vente
des pâtes alimentaires et dont le siège est à Limoges, arrondissement du dit, département de la Haute-Vienne, rue Cornut,
n°s 15 et 17.

Tous créanciers de la faillite de la Société en nom collectif
E. Poulin et A. Wilfrid, demeurant actuellement le premier à
Paris, rue Bagnolet, n° 191, et le second à Lille, arrondisse-
ment du dit, département du Nord, rue Richelieu, n° 9.

Faillite prononcée par le Tribunal de Commerce de La Rochelle (Charente-Inférieure), le 31 janvier 1895, alors que les-
dits sieurs Poulin et Wilfrid exploitaient sous la raison sociale
T. Poulin et A. Wilfrid, un fonds d'épicerie à la Rochelle, rue
Saint-Emilien, n° 37, et dont les créances s'établissent comme
il suit :

Pour la Société en commandite par actions Jean Rome et Cie,
à capital variable, six mille cent trente-sept francs soixante-
cinq centimes, savoir :

Montant de la créance affirmée, vérifiée et admise à ladite
    faillite, quatre mille sept cent cinquante francs, ci   4.750   »
Intérêts de ladite créance, mille cent quatre-vingt-
    sept quarante centimes, ci 1.187 50
Frais, deux cents francs quinze centimes, ci.... ..   200 15

Soit total égal, six mille cent trente-sept francs
    soixante-cinq centimes, ci.....................   6.137 65

2° pour la Société anonyme « Les Vins d'Algérie » à capital
variable, dix-neuf mille cinquante-deux francs quinze centimes,
savoir :

Montant de la créance admise par jugement du tribunal de
    commerce de la Rochelle, en date du sept mars 1895, de
    quinze mille francs, ci....... .... 15 000   »
Intérêts de ladite créance, trois mille sept cents
    cinquante francs, ci... ....   3 750   »
Frais, trois cents deux francs quinze centimes, ci.   302 15

Soit, total égal, dix-neuf mille cinquante-deux
    francs quinze centimes, ci 19.052 15

Pour la Coopérative de production « Le Phénix » à personnel
et capital variable, cinq mille trois cent cinq francs cinq centimes, savoir :

Montant de la créance affirmée, vérifiée et admise à ladite
faillite, quatre mille francs, ci ... .   4.000 »

Intérêts de ladite créance, mille francs.... .....   1.000 »

Frais, trois cent cinq francs cinq centimes, ci.....   305 05

Soit, total égal, cinq mille trois cents cinq francs
cinq centimes, ci... ... ...: 5.305 06

Les dits créanciers sus dénommés et dont les créances détaillées précèdent, déclarent consentir à la réhabilitation de leurs débiteurs, les dits sieurs Théotin Poulin et Abel Wilfrid.

Paris, le 13 avril 1904.

Lu et approuvé, et bon pour consentement à la réhabilitation des sieurs Poulin et Wilfrid.

Pour la société en commandite par action
« Rome et Cie » à capital variable,

Le Gérant,
J. ROME ET Cie

Lu et approuvé et bon pour consentement à la réhabilitation des sieurs Poulin et Wilfrid.

Pour la Société anonyme « Les Vins d'Algérie »
à capital variable,

Le Directeur,	*L'Administrateur,*
JOLY	G. COUTEAU

Lu et approuvé et bon pour consentement à la réhabilitation des sieurs Poulin et Wilfrid.

Pour la société coopérative de production « Le Phénix »
à personnel et capital variables,

Les Administrateurs,
H. DUCRIN, J. FOURBLANC, AG. TITEINE,
PIERRE SERREAU, ADOLPHE LAPLUME, G. LORDE.

Voir observations.

Formule A

EXPLOIT D'APPEL *d'un failli à qui la réhabilitation a eté refusée par le Tribunal de commerce, contenant constitution d'avoué.*

L'an mil neuf cent..... .....

A la requête de M. X...... *(nom, prénoms, profession)*, demeurant à....., rue......, n⁰... ;

Pour lequel requérant domicile est élu à......, rue......, n⁰..., en l'Etude de Mᵃ........ , avoué près la Cour d'appel de... .., lequel en tant que de besoin se constitue et occupera pour le requérant sur l'appel dont il va être parlé et ses suites ;

J'ai.........

soussigné, signifié, dit et déclaré à M. le Procureur de la République près le Tribunal civil de......, en son Parquet, au Palais de Justice où étant et parlant à...... .... qui a visé le présent ;

(1)........ ...,.... .. ..

Que par jugement du Tribunal de Commerce de......, en date du......, rendu sur avis du Parquet, le requérant a été déclaré en état de faillite ouverte, avec M. Y... .. pour syndic, sous la dénomination suivante : 1⁰ X ....*(nom, prénoms)* ; 2⁰ X. .... *(nom, prénoms)*, ayant exploité en commun sous la raison X ..... frères et Cⁱᵉ un établissement de ..... à......, rue....., n⁰.. , où ils demeuraient alors ;

Que les opérations de la faillite ont suivi leur cours, et qu'à

---

(1) Si l'exploit est également signifié à des créanciers qui aient été intervenants dans la première instance, l'on doit les énumérer à cette place.

défaut du concordat, les créanciers ont été déclarés en état d'union ;

Que l'actif réalisé par les soins du syndic a permis de distribuer aux créanciers vérifiés et affirmés....% sur un passif de........ ;

Que depuis cette date le requérant a fait aux créanciers de la faillite des versements importants, et que ceux-ci, tenant compte de ses efforts, lui ont fait remise du surplus de ses dettes, et donné quittus pour solde de tout compte ;

Que, dans ces circonstances et dans les termes de la loi des 30-31 décembre 1903, le requérant a demandé et poursuivi sa réhabilitation facultative ;

Que par jugement en date du ....., le Tribunal de commerce de....... a décidé qu'il n'y avait lieu, quant à présent, de prononcer la réhabilitation commerciale du requérant ;

Que celui-ci entend interjeter appel de ce jugement, en reprenant sa requête introductive d'instance, devant le Tribunal de commerce, en date du...... et comme de fait, par les présentes, il interjette appel dudit jugement ;

Qu'à cet effet, le requérant fait la présente notification à M. le Procureur de la République près le Tribunal civil de ...., seul compétent aux termes de la loi des 30-31 décembre 1903 pour recevoir les demandes de réhabilitation, et dépose en même temps que la présente une requête à MM. les premier Président, Présidents et Conseillers près la Cour d'appel de .... pour saisir la dite Cour de son appel, et aux fins d'infirmation dudit jugement du...... ;

A ce qu'il n'en ignore, et je lui ai, au Parquet de........., en parlant comme dessus, laissé copie du présent pour valoir ce que de droit ;

(Sous pli fermé... .., ... employé pour la copie....., coût......).

Formule B

REQUÊTE D'APPEL *d'un failli à qui la réhabilitation a été refusée par le Tribunal de commerce devant être jointe à l'Exploit d'appel.*

A Messieurs les Premier Président, Président et Conseillers composant la Cour d'Appel de Paris.

M. X .... *(nom, prénoms, profession)*, demeurant à........ ....

Ayant M^e... .. .. pour avoué :

A l'honneur de vous exposer :

Qu'il est né à......, le......, du mariage d'entre M...... et Mme... ...., tous deux aujourd'hui décédés et qu'il s'est marié avec Mme... ...., le ....., à la mairie du.... . ;

Qu'en ... M. X...... père exploitait sous la raison sociale X...... frères et Cie, un établissement de ... . . à......, rue... . .., n^o.. . ;

Que par suite de pertes éprouvées dans cette industrie, où l'exposant était seulement en nom, et que dirigeait seul M. X...... père, la Société a été forcée de suspendre ses paiements ;

Que par jugement du Tribunal de Commerce de......, en date du.. ..., rendu en l'absence des S^{rs} ....., sur l'avis du Parquet, ces derniers ont été déclarés en état de faillite ouverte avec M. Y... pour syndic, sous la dénomination suivante :

1° X .. ..*(nom, prénoms)* ; 2° X......*(nom, prénoms)*, ayant exploité en commun sous la raison X... . frères et Cie un établissement de...... à......, rue......, n^o... , où ils demeuraient alors ;

Que les opérations de la faillite ont suivi leur cours, et qu'à défaut du concordat, les créanciers ont été déclarés en état d'union ;

Que l'actif réalisé par les soins du syndic a permis de distribuer aux créanciers vérifiés et affermés ....°/₀ sur un passif de........... ;

Que, depuis cette époque et grâce à son travail, l'exposant a pu faire aux créanciers de la faillite des versements importants, et que ceux-ci, tenant compte de ses efforts, lui ont fait remise du surplus de ses dettes, et donné quitus pour solde de tout compte ;

Qu'en ce qui concerne trois de ses créanciers que l'exposant n'a pu retrouver, MM. A..., B.. et C...., il a déposé à la Caisse des Dépôts et Consignations la somme de. ...., restant due sur leurs créances, ainsi qu'il appert de trois récépissés délivrés par la dite caisse le.. ... sous les nᵒˢ........ ;

Que dans ces circonstances et à la suite de la promulgation de la loi des 30 et 31 décembre 1903, l'exposant a demandé et poursuivi sa réhabilitation facultative ;

Qu'aucune opposition n'existe de la part des anciens créanciers de l'exposant ;

Que, cependant, par jugement en date du......, le Tribunal de commerce de. .. ., a décidé qu'il n'y avait lieu quant à présent de prononcer la réhabilitation commerciale de l'exposant ;

Que celui-ci ne peut accepter cette décision, et qu'il entend en interjeter appel, ainsi d'ailleurs qu'il l'a fait notifier à M. le Procureur de la République près le Tribunal civil de ... ... suivant exploit de......., huissier à .... , en date du. ....
(1)... ....

Que l'exposant reprend par la présente sa requête introductive d'instance devant le Tribunal de commerce en date du....
......, et entend justifier, d'une part, que la décision des premiers juges ne peut être confirmée et a été rendue en violation formelle de l'art. 605 du code de commerce modifié par

____

(1) S'il y a eu des créanciers intervenants, indiquer également la date à laquelle l'appel leur a été signifié.

la loi des 3o et 3 1 décembre 1903, et qu'il se trouve dans les conditions requises pour poursuivre et obtenir sa réhabilitation facultative ;

Pourquoi il requiert qu'il vous plaise Messieurs :

Vu les pièces produites et la loi des 3o et 3 1 décembre 1903 ;

Donner acte à l'exposant de l'appel par lui interjeté du jugement rendu par le Tribunal de Commerce de...... en date du. ...... ;

Infirmer le dit jugement, et statuant à nouveau ;

Prononcer la réhabilitation de l'exposant conformément à l'article 6o5 nouveau du Code de commerce, et déclarer l'exposant réhabilité dans l'exercice des droits qu'il avait perdu par sa faillite ;

Sous toutes réserves ;

Et vous ferez justice.

Soit communiqué à M. le Procureur général pour, sur ses conclusions et le rapport de M. le Conseiller ..... que nous commettons à cet effet, être statué ce qu'il appartiendra.

Fait au Palais de Justice à ....., le.........

Formule C

EXPLOIT D'APPEL *d'un créancier ayant été interve-*
nant dans une instance en réhabilitation commerciale
ayant abouti à un jugement de réhabilitation du Tri-
bunal de commerce, contenant constitution d'avoué.

L'an mil neuf cent.. .....

A la requête de Z...... (*Nom, prénoms, profession*), demeurant à......., rue......., n°...... ;

Pour lequel requérant domicile est élu à......., rue .. ..,
n°....., en l'étude de Mᵉ......., avoué près la Cour d'appel
de......., lequel, en tant que de besoin, se constitue et occupera pour le requérant sur l'appel dont il va être parlé et ses
suites ;

J'ai.. ....

soussigné, signifié dit et déclaré :

1° A M. Z ... . (*nom, prénoms, profession*), demeurant
à.. ....., rue ....., nᵘ .. ;

2° A M. le Procureur de la République près le Tribunal
civil de ...., en son Parquet, au Palais de Justice ou étant
et parlant à......., qui a visé le présent ;

3° 4° et 5° (1)... ....

Que par jugement du Tribunal de commerce de..... en
date du......., enregistré, rendu après conclusions de M. le
Procureur de la République, M. Z... .., sus nommé qui avait
été mis en état de faillite par jugement du même tribunal en
date du........ alors qu'il exerçait la profession de........,
à........., rue......, n°.. .., a été réhabilité commer-

---

(1) S'il y a eu d'autres créanciers intervenants devant le Tribunal de
commerce on doit les énoncer et également leur signifier l'exploit d'appel.

cialement en application de l'article 605 du Code de commerce modifié par la loi du 30 et 31 décembre 1903.

Que cette décision a été surprise à la religion des premiers juges, qu'elle est contraire à toute équité et ne peut être confirmée et ce pour les causes contenues aux conclusions prises en première instance par le requérant, ainsi qu'à raison des documents soumis par lui à l'appréciation des premiers juges.

Qu'en conséquence le requérant entend interjeter appel du jugement du Tribunal de commerce de.. .... , en date du . ....., par lequel Z..... , a été réhabilité commercialement, comme de fait par le présent, le requérant interjette appel dudit jugement aux fins d'information de celui-ci.

A ce qu'il n'en ignore, et je lui ai (ou je leur ai) ....
sous pli fermé. . .....
employé pour la copie...... ..
coût........

OBSERVATIONS

Observations relatives à l'établissement des pièces des quittances et des actes de remise de créances ou des actes de consentement à la réhabilitation.

Aucune règle n'ayant été posée par la loi du 30 décembre 1903, pour l'établissement des pièces devant faire partie des dossiers destinés à appuyer les requêtes en réhabilitation, l'on serait tenté, de prime abord, si l'on s'en tenait à l'esprit logique, de penser qu'il n'est pas nécessaire dans les *actes de remise de créances ou de consentement à la réhabilitation* de ventiler les créances qui sont énoncées à ces actes ; mais une telle pensée, qui viendra très naturellement à l'esprit de tout homme de bon sens, serait, en l'espèce, une grosse erreur, car il résulte de la jurisprudence établie par les Cours d'appel que toute créance mentionnée dans une pièce produite dans une instance en réhabilitation commerciale, introduite conformément au texte de 1838, devait toujours être détaillée en : Montant de la somme admise et en intérêts et frais.

Il est donc absolument certain que l'esprit de routine, *le grand maître de nos incroyables progrès administratifs et judiciaires,* ne manquera pas, dans l'application de la loi nouvelle, d'exiger l'observation des règles posées par la vieille jurisprudence. Car c'est ainsi que de tout temps les corps constitués ont compris le progrès et, dans cet ordre d'idée, en France, la justice bat tous les records.

Pour ce qui est relatif à l'établissement des procurations la formule n° 1 est suffisante, en tenant compte que dans les arrondissements où il n'y a pas de tribunal de commerce et où c'est le tribunal civil qui juge les affaires commerciales, au lieu de dire : *Faillite prononcée par le tribunal de commerce de ..* , l'on dira : *faillite prononcée par le tribunal civil de. ..,* jugeant commercialement.

« Cette observation s'applique à toutes les formules lors-« qu'on se trouvera en présence d'un tribunal civil jugeant « commercialement ».

Lorsque la procuration sera donnée pour introduire une demande en réhabilitation facultative, au lieu d'une demande en réhabilitation de droit, au lieu de dire : *Une demande en réhabilitation de droit, article 604 du code de commerce....* on dira : *une demande en réhabilitation facultative, article 605 du code de commerce.*

Pour ce qui est des requêtes, soit en réhabilitation de droit, soit en réhabilitation facultative, nous avons accumulé à dessein les pièces. Il est certain que dans beaucoup de cas, certaines de ces pièces manqueront, mais nous avons voulu, par là, donner une idée exacte de la forme et de l'ordre dans lequel il est bon de faire les énonciations.

Dans les requêtes en réhabilitation de droit, lorsque l'on se sera servi du syndic de la faillite pour désintéresser les créanciers, on remplacera les mentions relatives aux quittances par la mention suivante. (Le certificat du Syndic constatant que tous les créanciers ont été intégralement désintéressés par son entremise).

La loi ne faisant pas de distinction, il est nécessaire dans les requêtes en réhabilitation de droit, comme en réhabilitation facultative de faire connaître les motifs qui ont été la cause de la faillite ou de la liquidation judiciaire, ainsi que les différents lieux dans lesquels a résidé le failli ou le liquidé, depuis le jugement déclaratif de la faillite ou de mise en liquidation,

Il doit également faire connaître quels ont été ses moyens d'existence depuis le même moment ; mais il est bon de faire remarquer que dans les cas de réhabilitation de droit, le tribunal de commerce n'ayant qu'à constater la sincérité des pièces établissant que tous les créanciers ont bien été désintéressés conformément à la loi, il suffira que, les énoncés dans la requête aux fins de cette réhabilitation et relatifs aux causes ayant déterminé la faillite ou la mise en liquidation, les indi-indications relatives aux différentes résidences du requérant et à ses moyens d'existence depuis le même moment, soient aussi sommaires que possible.

Pendant que dans les requêtes en réhabilitation facultative le tribunal devant baser sa décision sur la moralité du requérant, ces mêmes énonciations devront, dans ces requêtes, être les plus exactes, les plus complètes et les plus détaillées possible, sans tomber pour cela dans la prolixité et les détails inutiles ou d'ordre secondaire. C'est pour donner une idée générale de la forme dans laquelle doivent être faits ces exposés et ces énonciations que dans chacune des formules :

1° Formule n° 2, *en réhabilitation de droit* ;

et 2° Formule n° 3, *en réhabilitation facultative*, nous avons fait pour chacune de ces formules un exposé et des énonciations imaginaires.

Nous ne saurions trop insister sur ce point, qu'en ce qui concerne les requêtes en réhabilitation facultative, les exposés et les énoncés devront être faits avec LE PLUS GRAND SOIN ET SURTOUT AVEC BEAUCOUP DE TACT, car il ne faut pas perdre de vue que les Tribunaux et Cours d'appel peuvent toujours refuser le bénéfice de cette réhabilitation aux demandeurs, et que c'est sur les faits exposés dans la requête et vérifiés par l'enquête du Procureur de la République que seront motivées les décisions accordant ou refusant cette réhabilitation.

Toutes les formules données ci-avant se rapportent aux cas de faillite, mais lorsqu'il s'agira de liquidation judiciaire il n'y aura qu'à remplacer les mots : *(Déclaré en faillite)*, par les mots : *(Mise en liquidation judiciaire)* et partout où se trouvent les mots : *(Faillite)* ou *(Faillis)*, remplacer ceux-ci par les mots : *(Liquidation)* ou *(Liquidé)*.

Les formules de quittances, d'actes de remise de créance ou de consentement à la réhabilitation données ci-avant sous les numéros 4, 5, 6, 7, 8, 9 et 10 sont celles qui doivent servir dans les cas où la faillite s'est terminée par l'union. Pour les autres cas les modifications ci-après sont nécessaires, lorsque ces pièces sont établies pour un dossier d'une demande en réhabilitation de droit. Si une partie des frais ont été payés, au lieu de dire simplement dans le détail de la créance : *(Frais)*, l'on dira : *(reliquat des frais)*. Si tous les frais ont été payés, l'on supprimera purement et simplement cette mention.

Si en plus des frais il y a eu un dividende, au lieu de dire dans le détail de la créance : *(Montant de la créance affirmée, vérifiée et admise.....)* ou *(montant de la créance admise par jugement du tribunal de.....)* l'on dira *(Montant du reliquat de la créance affirmée, vérifiée et admise.....)* ou *(montant du reliquat de la créance admise par jugement du tribunal de.....)*

Il en sera de même s'il s'agit d'une demande en réhabilitation pour un liquidé judiciaire.

Pour ce qui est des quittances comportant remise partielle de créance (formule n° 6), nous n'avons point donné de formule collective car nous estimons que celle-ci devra toujours être individuelle ; nous devons même dire qu'étant donnée l'incertitude dans laquelle on se trouve encore sur la jurisprudence, relativement à l'application de la loi du 30 décembre 1903 et par suite de l'esprit de routine antédiluvienne qui règne dans la plupart des tribunaux, par suite de l'influence prise par certains greffiers sur certains magistrats ignorantins, cette pièce pourrait donner lieu à certaines difficultés, bien qu'elle soit on ne peut plus régulière et légale.

Quoi qu'il en soit, lorsqu'on croira devoir s'en servir, elle devra être établie sur feuille de papier timbré, la clause de remise étant une convention qui ne peut être établie que sur timbre. Dans ce cas, il ne sera pas nécessaire d'ajouter un timbre de quittance, la quittance donnée sur cette pièce devant être considérée comme l'accessoire de la convention de remise.

Bien que dans nos formules de quittances et d'actes collectifs nous ayons énoncé des individualités habitant des lieux différents, nous pensons que ces sortes de quittances ou d'actes ne seront pratiques que lorsque les individus qui devraient les signer se trouveraient réunis en même temps ou habiteraient une même localité, car dans les autres cas, à notre avis, les quittances et les actes individuels seront préférables.

Dans la désignation des personnalités figurant aux formules des quittances et des actes ci-avant, nous avons essayé de donner les énonciations rationnelless des cas les plus divers et, pour pouvoir établir ces pièces d'une façon suffisante pour constituer des dossiers qui pourront supporter un examen sérieux, il suffira de bien se rendre compte de la situation légale du créancier : créancier individuel, tuteur agissant pour des mineurs, gérant, directeur, administrateur de société, etc., et alors, que la quittance ou l'acte soit individuel ou collectif, il suffira de prendre dans une formule ou dans l'autre l'énoncé se rapportant au dit cas, et même assez souvent, prendre l'entête dans un énoncé et la finale dans l'autre.

Pour bien faire en se guidant sur nos formules dans lesquelles nous avons à dessein accumulé les situations les plus diverses. Il suffira d'un peu de réflexion et de beaucoup de bon sens et de logique, mais toutefois il est un point sur lequel nous devons insister, c'est lorsqu'il s'agira d'énoncer, soit dans une requête, soit dans une quittance ou dans un acte de remise de créance ou de consentement à la réhabilitation. Une société en commandite par action ou une société anonyme, l'on devra dans ces cas, toujours faire suivre les mots :

Société en commandite par actions ou société anonyme et le titre de la société, du chiffre du capital social ainsi que des mots : à capital ou à capital et personnel variables lorsque ces sociétés seront constituées sur des bases permettant ces variations.

Ces énonciations sont obligatoires sous l'empire des prescriptions de l'article 64 de la loi du 24 juillet 1867, sur les société, prescriptions qu'ont laissé substister les lois du 1er août 1893 et 9 juillet 1902.

Les infractions à ces prescriptions sont punies et ce, par chaque infraction, d'une amende de 50 à 1.000 francs

Comme on le remarquera, la formule de requête que nous donnons pour être jointe à l'exploit d'appel est très simple et ne contient aucune des énonciations des requêtes de première instance devant les Tribunaux de commerce. Cela tient à ce que la Cour ayant à se prononcer sur le dossier sur lequel ont statué les premiers juges, cette requête à MM. les premier Président, Présidents et Conseillers composant la Cour n'est que la reprise de la requête de première instance.

Enfin, nous terminons nos observations et le présent manuel en faisant remarquer que les mentions : *Lu et approuvé* et *Bon pour...*, etc., etc., qui précèdent les signatures apposées sur les pièces qui doivent figurer dans un dossier de demande en réhabilitation, doivent toujours être écrites de la main des signataires.

FIN

TABLE DES MATIÈRES

FORMULES